KB017256

일단정지!
올리기 전에
생각했니?

RETHINK THE INTERNET
Copyright © 2022 by Trisha Prabhu
All rights reserved

Korean translation copyright © 2024 by Bookmentor Publishing Co., Ltd.
Korean translation rights arranged with InkWell Management, LLC
through EYA Co.,Ltd.

이 책의 한국어판 저작권은 EYA Co.,Ltd를 통한 InkWell Management, LLC 사와의 독점계약으로
주식회사 도서출판 북멘토가 소유합니다.
저작권법에 의하여 한국 내에서 보호를 받는 저작물이므로 무단전재 및 복제를 금합니다.

지혜로운 디지털 시민이 되기 위한
똑똑하고 유쾌한 인터넷 생존 가이드!

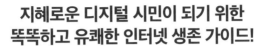

일단정지!
올리기 전에
생각했니?

 트리샤 프라부 **지음** | 한재호 **옮김**

북멘토

일러두기 ————————————————

이 책의 하단에 있는 각주는 모두 번역자 주입니다.

더 나은 디지털 세상을 꿈꿀 용기를 불어넣어 주신
부모님 바누 프라부와 닐 프라부,
그리고 가장 큰 영감을 주신, 돌아가신 할머니
샨타 순다리에게 바칩니다.

목차

이 책을 클릭해 주신 여러분, 환영합니다!

안녕, 만나서 반가워! 난 트리샤 프라부라고 해. 너희가 이 책을 읽게 된 이유는 다양할 거야. 내가 이유를 한번 말해 볼까? 첫째, 인터넷이 형편없다고 생각해서(나도 전적으로 동의해) 인터넷을 변화시키고 싶다. 둘째, 인터넷과 기술에 대해 더 알고 싶다(인터넷과 기술은 어디에나 있지만 여전히 좀 복잡하지). 셋째, 아니면 좀 현실적으로 생각해서, 아는 어른이 이 책을 사 줬다. 어떤 이유에서건(아마도 한 가지 이상이겠지), 너희를 만나서 정말 기뻐! 그런데 이 책을 사 준 어른이 모르는 게 하나 있어. 그건 바로 나도 아직 어려서 어른들의 잔소리나, 오글거리고 신파적인 '인생의 교훈'을 너희만큼이나 싫어한다는 거야.

그러면 이 책에 나오지 않는 내용을 분명히 밝히는 것으로 내 이야기를 시작할게. 나는 휴대 전화를 특정 방식으로 사용하라고 하거나, 기술이 '나쁜' 것이라고 주장하지 않을 거야(솔직히, 그렇게 생각하는 사람들은… 음, 전부 나이가 많은 사람들이지).

그렇다면 이 책에는 무슨 내용이 담길 예정이고, 왜 이 책을 읽어야 할까? 간단히 말하자면 이 책은 인터넷 '생존 가이드'야. 성공적인 디지털 시민이 되기 위해 알아야 할 것을 이 책에서 찾을 수 있어(디지털 시민이 뭔지 궁금하면, 1장을 살짝 훑어봐). 오늘날의 인터넷은 꽤 단순해 보일지도 몰라. 예를 들어 온라인에서 돌아다니고, 친구들과 채팅하고, 동영상을 시청하고, 숙제도 해. 하지만 인터넷(좀 더 폭넓게 보아서 기술)은 너희가 생각하는 것보다 훨씬 더 복잡해. 나는 이 책을 통해서 일곱 가지 주요 기술을 알려 주려고 해. 그 기술을 익히면 절대 인터넷에 휘둘리지 않을 거야. 다시 말해 사고를 치고 나중에 후회하는 대신, 기술을 사용해서 더 멋진 일을 할 수 있을지도 몰라.

물론 아직 좀 의심스러울 거야. 이 사람은 누구지? 왜 나한테 인터넷 사용법을 알려 주겠다는 거야? 좋은 질문이야. 그게 바로 이 머리글의 목적이거든. 나, 그러니까 유일무이하고 신화적이며 전설적인 인터넷 강사에 대해 알고자 한다면…… 알았어, 사실 난 그렇게 멋지지 않으니까 극적인 소개는 생략할게. 내이름은 트리샤 프라부이고, 인터넷을 올바르게 사용하는 법을 알려 주려고 해.

난 미국 중부의 일리노이주 출신이야. 시카고 교외에 있는 알링턴 하이츠라는 곳에서 태어났지. 부모님인 닐 프라부와 바누 프라부는 1990년대에 인도에서 미국으로 이민을 왔어. 부모님은 만난 지 몇 년 뒤에 결혼했고 2000년 5월, 세상이 완전히 달라졌어. 짜잔, 내가 태어났거든. 몇 년 뒤 우리 가족은 현재 내가 고향이라고 부르는 도시로 이사했어. 그곳이 바로 일리노이주 시카고 교외에 있는 아름다운 도시, 네이퍼빌이야.

내가 처음으로 친구를 사귀고, 관심사를 찾고, 나 자신이 되기 시작한 곳이 바로 네이퍼빌이었어! 물론 내 관심사는 빠르게 바뀌었지. 여섯 살 때 난 여왕이 되고 싶었고, 사람들한테 온종일 내가 좋아하는 음식을 만들라고 명령하고 싶었어(솔직히 말해 아직도 여왕이 되고 싶지만 그럴 일은 없다는 걸 알지. 휴~). 일곱 살 때는 작가가 되고 싶었고(그리고 보시다시피, 꿈은 이루어진다!), 여덟 살 때는 농구 선수가 되고 싶어서 죽어라 농구를 했어. WNBA(미국 여자 프로 농구 리그)에 들어가서 파워 포워드(리바운드에 적극 가담하고 수비를 하며 점프 슛과 패스를 담당하는 농구 포지션)로 뛰기를 꿈꿨지. 아홉 살 때는 미국 대통령이 되고 싶었어. 그 무렵 지구 온난화, 성 평등, 친절과 존중의 증진 같은 세계적인 문제에 대해 좀 더 비판적으로 생각하기 시작했지. 그 시기에 깨달은 게 또 있어. 넌 커서 어떤 사람이 되고 싶냐고 어른들이 물어봤을 때, 콕 집어 말할 수는 없지만 뭘 하든 중요한 문제를 해결하고 싶다는 거였어. 나는 세상을 변화시키고 싶었어. 세상에 영향을 미치고 싶었지.

열 살 때, 아마도 내 인생에서 가장 중요한 일이 일어났어. 컴퓨터와 코딩이라는 놀라운 세계를 접한 거야! 잘 모르는 친구들을 위해 설명하자면, 컴퓨터 프로그래밍 또는 더 일상적인 표현으로 '코딩'이라는 것은 기본적으로 컴퓨터와 대화하는 행위야. 외국어 같은 컴퓨터 언어로 명령어를 써서 프로그램을 만드는 거라고 생각하면 돼! 고양이 밈 전용 웹사이트를 만들거나 마이클 잭슨 팬을 위한 소셜 미디어 앱을 만들려면 뭘 만들어야 하는지 컴퓨터에게 알려 줄 수 있어야 하는데, 안타깝게도 컴퓨터는 인간의 언어를 전혀 몰라. 코딩은 이런 컴퓨터와 인간 사이에 소통의 다리를 놓아 주는 거야.

난 금세 코딩에 빠져들었어. 왜냐고? 음, 일단 난 어렸을 때 항상 수학(으악)을 너무 싫어했는데, 코딩을 하면서부터 논리적이고 수치화할 수 있는 것이 처음으로 아주 재미있게 느껴졌거든. 게다가 전 세계 사람들이 볼 수 있고 사용할 수 있는 기술을 실제로 만들 수 있다는 점이 너무 멋졌어. 정말 기분이 최고로 좋았지. 코딩 수업을 마치고 나면 언제나 활력과 열정이 넘쳤어. 어쨌든 곧 내게 코딩은 취미나 일시적인 흥미가 아니라 평생 내가 해야 할 일이 될 거라는 점이 분명해졌어.

열한 살이 됐을 때 내 인생의 다른 부분이 변하기 시작했는데, 불행하게도 더 나은 방향은 아니었어. 학교에서 '집단 따돌림'에 휘말렸거든. 너희 중에도 겪은 사람이 많을 거야(내 말을 믿어. 나아질 거야). 친구들은 내가 더는 '충분히 쿨하지' 않다고 생각했나 봐. 아무 예고 없이 나는 진정한 친구, 지지자, 또는 날 진심으로 사랑해 주는 사람을 잃고 말았어. 같이 밥 먹을

친구가 없어서 종종 선생님들과 함께 점심을 먹었는데, 엄청 쑥스럽기는 했지만 사실 돌이켜 보면 다행스러운 일이었어. 선생님들이 내 마음을 많이 달래 주셨거든.

하지만 상황은 더 나빠졌어. 예전 친구들이 나를 놀리고 괴롭히기 시작했거든. 나를 따돌리고 뒤에서 험담을 하더니 결국엔 나를 가지고 놀기까지 하는 거야. 휴대 전화가 거기에 큰 역할을 했지. 내가 짝사랑하는 사람이라고 '생각했던' 사람에게서 문자를 받은 날을 잊을 수가 없어. 난 정성스럽게 답장을 보냈지. 내 짝사랑이 내 번호를 알고 내게 문자를 보내다니! 나는 마치 구름 위를 떠다니는 것 같았지만, 그 기분은 오래가지 않았어.

그날 저녁, 그 문자가 사실 내가 좋아하는 사람이 보낸 게 아니라는 걸 알게 됐거든. 예전 친구 두 명을 포함해 세 명의 친구들이 나를 놀리려고 보낸 거였어. 걔들은 그게 재밌다고 생각한 것 같았지만 나는 짓밟히고 바보가 된 느낌이었지. 이보다 더 나빠질 수는 없다고 생각했지만 그게 끝이 아니었어. 다음 날 학교에 갔더니 걔들이 우리가 주고받은 문자를 캡쳐해서 반 아이들한테 보여 주고 있었어. 한 여자애가 말했지. "얘는 엄청 찌질하네." 옆에 있던 여자애가 동의했어. "그래, 진짜 한심하다. 정말로 그 남자애가 자기한테 관심 있을 거라고 생각했나?" 반 아이들이 단체로 깔깔거렸어. 어이없게도 내가 있는 걸 알아채자 걔들은 휴대 전화를 잽싸게 감추고 입을 다물더니 얼굴에 웃음기를 지웠어. 한 아이는 나를 추켜세우기까지 했어. "와, 트리샤, 치마가 예쁘다." 다른 아이들은 고개를 끄덕였고. 난 그때 깨달았어. '얘들이 자기 행동이 잘못됐다는 걸 모르는 건 아니구나. 왜 그런지는 모르겠지만 그냥 휴대 전화상에서는 잔인하고, 심술궂고, 못되게 굴기가 더 쉬운가 봐.'

당시는 나한테 힘든 시기였어. 너희도 그렇게 느낀 적이 있는지 모르겠지만, 그때 나는 세상이 나를 비추는 거울처럼 느껴졌고, 사람들이 나에 대해 한 말이 내게 들러붙어서 내가 나를 보는 방식에 영향을 미쳤어. 그 아이들 말처럼 내가 정말 찌질하고, 한심하고, 불완전하고, 쓸모없다고 믿은 거야. 자신감, 정신력, 그리고 한때 내 성격의 본질이었던 긍정성을 거의 다 잃어버렸지. 무엇보다 내 휴대 전화가 싫었어. '충분히 잘났다'는 것이 무엇을 뜻하든, 내가 충분히 잘나지 않다는 것을 휴대 전화가 끊임없이 떠올리게 했기 때문이야.

너희도 나와 비슷한 일을 겪었을 수도 있고, 운 좋게 최악의 상황은 피했을 수도 있어(다시 한번 말하지만, 분명히 나아질 거야). 어떤 경우든 너희도 동의할 거야. 저런 애들이 보여 주듯이, 형편없는 인터넷도 분명히 이 문제의 일부라는 것을 말이야.

나도 처음에는 그렇게 생각하지 않았어. 소속된 집단의 말이나 행동을 무의식적으로 따라 하는 '거울 효과' 때문에, 정말로 나에게 뭔가 잘못이 있다고 생각했고 그래서 이렇게 따돌림이나 괴롭힘을 당하는 건 나 하나뿐이라고 믿었어. 하지만 몇 년이 지난 뒤 열세 살이 되었을 때, 나는 그게 사실과 거리가 멀다는 걸 깨달았어. 어느 날 학교에서 집으로 돌아와 인터넷을 검색하다가 플로리다 출신 열두 살 소녀 레베카 세드윅에 관한 이야기를 우연히 접했어. 기사에 따르면 그 아이는 일 년 반 넘게 사이버 폭력을 당했고 그 뒤에 학교를 중퇴했는데, 심각한 정신 건강 문제로 고통받다가 자살로 생을 마감했어.

　나는 충격을 받았어. 소셜 미디어에 올라온 내용 때문에 아이들이 학교 밖으로 내몰리고 심지어 목숨까지 잃을 줄은 상상도 하지 못했거든. 나는 즉시 더 깊이 파고들었고, 문제가 심각하다는 걸 알게 됐어. 매일 전 세계 수백만 명의 청년들이 심술궂고 상처 주는 메시지를 받는데 그 이유가 어느 정도는 온라인에서 못되게 굴기가 그저 너무 쉽기 때문이었어. 기술이 혐오를 전염병 수준으로 퍼지게 하는 것처럼 보였지.

　난 충격을 받았어. 그리고 활활 타올랐지. 그런 느낌을 아니? 음, 어떤 문제에 대해 나서서 뭔가를 해야겠다는 느낌 말이야. 난 그렇게 느꼈어. 그대로 내버려둘 수 없었지. 형편없는 인터넷이 위세를 떨치는 꼴을 단 일 분도 더 두고 볼 수 없었고, 어떻게든 무슨 수를 써서라도 이것을 바로잡고야 말겠다고 다짐했어. (웅장한 디즈니 음악, 큐!)

　그러자면 먼저 중요한 질문에 답해야 했어. 도대체 내가 뭘 할 수 있을까? 난 돈도, 경험도, 경력도, 기술도 없는 10대였어. '아니야, 잠깐! 난 코딩이라는 전능한 기술을 가지고 있잖아!' 그래서 나는 지금까지의 혐오 반대 활동과는 달리, 기술 자체가 만들어 낸 문제를 기술을 사용해서 해결할 방법을 진지하게 생각하기 시작했어.

　나는 몇 달 동안 토론하고, 프로그램을 짜고, 실험한 끝에 답을 찾아냈고, '리싱크ReThink'라는 해결책을 만들어 냈어. 개념은 단순해. 많은 청년(나 자신을 포함해서!)이 성급하고 때로는 어리석은 결정을 내리곤 하지만, 그게 우리 잘못만은 아니야(실제로 인간의 뇌는 우리 나이에 깊은 사고를 하도록 설계되어 있지 않아). 그리고 그 결과가 인터넷으로 이어질 수 있다는 가설을 세웠지. 즉, 다른 사람 얼굴을 직접 보는 대신 휴대 전화를 사용하면 나쁜 결정을 내리기가 더 쉬워진다는 거야! 내가 만들고 싶었던 건 그 나쁜 결정을 멈추는 브레이크야. 쉽게 말하자면, 다른 사람에게 피해를 주기 전에 사용자가 잠시 멈춰서 자신이 심한 말을 하는 것에 대해 검토하고 다시 생각할 기회를 주는 거지.

난 이런 상상을 했어. 누군가 나한테 "난 네가 싫어!"라는 문자를 보내려 한다면, 그 사람 휴대 전화에 경고가 뜨는 거야. "잠깐만요! 정말 그렇게 말하고 싶나요? 그건 바람직하지 않아요." 이 기술이 활용된 애플리케이션은 청년들이 실수를 저지를 가능성을 막고, 스스로 이미 알고 있는 올바른 행동을 할 기회를 제공해 줄 거야.

바로 그게 내가 한 일이야. 난 컴퓨터로 코딩 작업을 시작했고, 나중에 리싱크ReThink 앱의 해결책이 아주 효과적이라는 사실을 알게 됐어. 상처 주는 메시지를 올리기 전에 다시 생각할 기회를 얻자, 거의 모든 사람이 마음을 바꿔서 그 말을 하지 않기로 했어! (토머스 에디슨, 비켜 주시죠. 새로운 발명가께서 오셨습니다.)

내 작은 아이디어는 거기서부터 전 세계적인 운동으로 확장됐어. 일 년 뒤, 나는 회사를 운영하면서 백악관부터 ABC방송사의 TV쇼 〈샤크 탱크〉에 이르기까지 전 세계 무대에서 내 작업에 대해 이야기하고, 혐오 반대 인식 캠페인을 이끌게 됐어. 의도했던 건 아니지만 내가 항상 하고 싶었던, 정말로 중요한 문제에 영향을 미치는 일을 할 방법을 우연히 발견한 셈이야. 10대에게 이건 정말로 굉장한 일이었지.

이렇게 해서 나는 이 책을 쓰게 되었어. 우리가 인터넷 문화라고 부르는 것을 바로잡기 위해 몇 년 동안 애쓰는 동안, 난 많은 것을 보고 배웠어. 그래서 내가 얻은 이 지식과 더불어 인터넷을 다룰 때 유용한 기술과 요령을 너희와 나누고 싶어. 너희는 지금 이렇게 생각할지도 몰라. '좋아, 트리샤. 무슨 말인지는 알 것 같아. 근데 내가 이 책을 꼭 읽어야 해?'

짧게 대답할까? 그래, 꼭 읽어야 해. 단답식에 불만이 있는 사람을 위해 긴 대답도 준비했어. 우리 세대(Z세대)는 기술의 세상에 태어난 최초의 세대지만, 마지막 세대는 아닐 거야. 기술과 인터넷이 여기에 존재하고, 내 생각에 그것들은 사라지지 않을 거야. 그리고 그건 좋은 일이야. 휴대 전화와 컴퓨터 같은 장치를 통해 접속하는 인터넷은 대체로 훌륭하잖아, 그렇지? 새로운 이야깃거리를 접하고 친구들과 연락하고 재미있는 밈을 만들 수도 있어. 하지만 새로운 사회(기술 중심의 사회)에서 살아가는 법을 배우는 과정에는 그 사회에서 성공할 준비를 하는 작업이 꼭 포함되어야 해. 언젠가 '현실 세계'에서 성공하기 위해 학교에 다니는 것과 마찬가지로, '인터넷 내부자'가 되려면 디지털 교육을 꼭 받아야 하지. 그렇지 않으면 우리 삶이 인터넷에 이리저리 휘둘리고 말 거야. 인터넷에는 수많은 사람이 있으니까. 그렇게 되면 정말 안 좋겠지.

걱정하지 마. 전혀 겁낼 거 없어. 내가 있잖아! (그래, 이건 좀 아니다. 농담이니까 좀 봐줘.) 난 너희 편이야. 그래서 너희가 알아야 할 디지털 세상 속 모든 것을 재미있고 흥미롭고 유익한 형식으로 가르쳐 줄게.

이제부터 일곱 가지 이야기와 함께 디지털 세계를 다루기 위해 알아야 할 일곱 가지 기술을 소개할 거야. 각각의 이야기에는 과제가 딸려 있어서 새로운 기술을 연습해 볼 수 있어. 배우고, 웃고, 즐길 준비를 해!

너무 기대되는데! 다시 한번, 이 여정에 함께해 줘서 고마워. 자, 그럼 출발!

트리샤 프라부

인터넷은 공동체이고,
네가 하는 모든 말과 행동이
수많은 사람에게 닿을 수 있어.

네가 게시하는 모든 메시지가
다른 사람에게 전달되어서
영향을 미칠 수 있으니까 말이야.

그런 엄청난 힘을 가지고
선한 디지털 시민이 되는 것은
네가 할 수 있는 가장 중요한 일이지.

1장
전 세계로 퍼지는 게시물

처음 휴대 전화를 갖게 됐을 때, 난 그게 그냥 전화기라고 생각했어! 그런데 그거 알아? 휴대 전화에는 네가 생각하는 것보다 기능이 훨씬 더 많아. 처음 휴대 전화를 갖게 되면, 단순히 휴대 전화가 아니라 공동체를 갖게 되는 거야. 그 집단에 속하는 건 누굴까? 너처럼 휴대 전화(또는 컴퓨터, 태블릿, 아니면 미래의 클라이드라는 로봇)를 가지고 있는 전 세계의 많은 사람이지. 휴대용 전자 기기가 있으면 동호회에 속하는 거야. (초강력 포스 필드가 너희를 하나로 묶어 준다고 생각해도 돼!) 그곳에 가입했으니 이제 규칙이 무엇인지 알아야겠지? 자, 이 공동체에 속하려면 꽤 큰 책임감이 필요해. 넌 이 집단의 다른 사람들에게 최선의 행동을 해야 할 절대적인 의무가 있어. 네가 게시하는 모든 메시지가 다른 모든 사람에게 전달되어서 영향을 미칠 수 있으니까 말이야. 그런 엄청난 힘을 가지고 선한 디지털 시민이 되는 것은 네가 할 수 있는 가장 중요한 일이지.

멜린다 스커트셔츠의 알람이 울렸어. 멜린다는 아침마다 일어나기 싫어서 끙끙거리고 몸을 뒤척이며 이불을 다시 뒤집어 썼지만, 추수 감사절 다음 날 아침에는 벌떡 일어났어.

"오늘이 바로 그날이야!"

멜린다는 기분이 좋아서 콧노래까지 흥얼거렸지.

"멜린다! 십오 분 후에 출발한다!"

엄마가 부엌에서 소리쳤어.

"알았어요, 엄마!"

멜린다는 잽싸게 컴퓨터를 켰어. 분홍색 손가방 모양의 깜박이는 아이콘이 나타났는데, 거기에는 〈멜린다, 오늘의 스타일〉이라고 적혀 있었어. 멜린다는 그걸 클릭했지. 컴퓨터 화면에서 커다란 글씨가 번쩍였어.

<멜린다, 오늘의 스타일>   _ □ ✕

멜린다, 안녕하세요. 좋은 아침이에요. ☁
멜린다의 스타일에 오신 것을 환영합니다.
오늘은 어떤 옷을 입고 싶으세요? ♥

글이 사라지고 멜린다의 실물 이미지가 나타났어.

"됐다! 이제 제대로 작동하네!"

멜린다는 오늘까지 완성하기를 바라면서 이 프로그램을 몇 달 동안 만들었어. 마침내, 멜린다의 노력이 결실을 맺었지!

화면 상단에 윗옷 버튼이 나타났어. 멜린다는 그 버튼을 클릭한 다음, 특별한 날을 위해 아껴 둔 빨간 모직 스웨터를 클릭했어. 그런 다음 하의를 클릭했지. 멜린다는 눈을 가늘게 뜨고 선택 사항을 유심히 살폈어.

'이 스웨터에는 뭐가 어울릴까?'

그때 멜린다의 시선을 사로잡는 게 있었으니, 바로 색이 살짝 바랜 하늘색 청바지였어! 빛바랜 하늘색 청바지를 클릭했지. 컴퓨터가 윙윙거렸어. 몇 초 뒤에 새로운 이미지가 나타났는데, 바로 그 옷을 입은 멜린다의 모습이었어.

'완벽해!'

멜린다는 기뻐하며 자기 옷장으로 달려갔어.

"패션 임무 완수!"

멜린다가 이 〈오늘의 스타일〉 아이디어를 가장 친한 친구인 프리야 버튼즈와 마리아나 카디건에게 처음 선보였을 때, 친구들은 이해하지 못했어. 마리아나가 "그런 게 왜 필요해?" 하고 묻자 멜리나는 이렇게 생각했지.

'얘들은 옷 입는 데 시간이 얼마나 오래 걸리는지 잘 몰라서 이해를 못 하는 거야. 패션의 여왕이라면 시간이 정말 많이 걸리는데 말이지.'

멜린다가 바로 그 패션 여왕이었어. 어떤 아이들은 축구에 열광하고 또 어떤 아이들은 음악에 빠져 살잖아. 멜린다는 패션 디자인에 열정이 있었어. 옷을 그냥 사지 않고 직접 만들 정도였는데, 빨간 스웨터는 멜린다 스커트셔츠 오리지널™*으로, 몇 주 동안 스케치하고 뜨개질하고 최종 수정까지 거친 결과물이었어.

멜린다는 훗날 뉴욕에서 패션 디자이너가 되고 싶었어. 또는

---

* 티엠TM은 트레이드마크Trademark의 약자로, 자기가 만든 상품의 특징이나 특성을 나타낸 표시나 상징적인 그림을 뜻한다.

소셜 미디어에서 표현한 것처럼, #패션보스가 되고 싶었지. 바지에서 수영복, 신발에 이르기까지 모든 것을 디자인하기를 바랐어. 그렇지만 다른 무엇보다도 멜린다가 가장 꿈꾸는 프로젝트는 웨딩드레스였어. 언젠가 자기 스케치북에 있는 모든 웨딩드레스 디자인(레이스로 뒤덮인 드레스부터 펑키한 분홍색과 흰색 홀치기염색* 무늬 바지 정장까지)이 세상에서 가장 인기 있는 작품이 되기를 바랐지.

그러려면 멜린다는 더 많이 배우고, 보고, 사야 했어. 그래서 그날이 그렇게 특별했던 거야. 블랙 프라이데이였거든! 일 년에 한 번, 모든 사람이 각자 하던 일을 멈추고 상점에 들러 쇼핑하는 그날이었지. 멜린다는 항상 개인 상담가(겸 운전기사)인 엄마와 함께 패션타운에 있는 모든 상점과 고급 부티크를 방문했어. 선반에 있는 (거의) 모든 걸 살 수 있는 흔치 않은 기회였지. 바지에서 신발, 장신구까지 구경하는 동안 멜린다는 정신을 못 차렸어! 항상 물건이 가득 찬 쇼핑백을 들고 가게를 나섰지. 게다가 올해는 평소보다 훨씬 더 많이 살 작정이었는데 왜냐하면 엄마가 입을 웨딩드레스를 멜린다가 직접 고를 참이었거든!

———————————————

* 천을 염색하기 전에 천의 일부분을 단단히 동여매어서 그 부분은 염색이 되지 않도록 하는 방법이다.

"멜린다! 큐티샵은 일곱 시에 문을 열어. 우리 이러다 늦겠어!"

"갈게요!"

멜린다는 대답하면서 코트(물론 빨간색에 어울리는 코트였지!)와 휴대 전화를 집어 들었어.

'마지막으로 할 일이 있어!'

〈오늘의 스타일〉에 게시물을 올릴 시간이었지. 아침 햇살이 침실로 쏟아지는 순간에 휴대 전화를 기울여서 셀카를 찍었어. 그리고 그 사진을 얼른 자신의 패션그램(@MelindaFashionBlog)에 올리며 다음과 같은 문구를 덧붙였어.

블랙 프라이데이에 학교에 입고 가기에는 너무 멋지잖아! #블랙프라이데이오늘의스타일 #너무신나 😆

몇 초 뒤 휴대 전화가 울렸어. 새로운 계정 @Fashion4Fun이 멜린다를 팔로우했어! 멜린다의 셀카에 새 댓글이 달렸지.

@Fashion4Fun 너무 귀여워요!!! 맙소사, 사랑스럽네요!

'오늘은 시작이 좋은걸!'

멜린다가 미소를 지었어.

　그리고 그날은 끝도 좋았어. 적어도 멜린다에게는 말이야. 그날의 쇼핑은 누가 봐도 #패션대성공이었어. 하지만 멜린다의 어머니는 그렇지 않았지. 두 사람은 웨딩카니발, 드레스걸로어, 드림드레스 같은 가게에 갔지만 엄마 마음에 드는 옷을 찾지 못했어. 멜린다도 그런 드레스는 엄마한테 어울리지 않는다고 생각했지. 엄마는 최고의 드레스를 입을 자격이 있었어!

　멜린다의 새 옷을 차에 실으며 엄마가 말했어.

　"엄마가 생각을 좀 해 봤는데, 돈은 당연히 줄 테니 네가 내 웨딩드레스를 직접 디자인해서 만들면 어때? 너의 첫 공식 판매라고 할 수 있겠네. 엄마는 다른 옷 말고 멜린다 스커트셔츠 오리지널™ 웨딩드레스를 꼭 입고 싶어."

　엄마가 윙크하며 덧붙였어. 멜린다는 가슴이 뛰었지.

　'오, 맙소사! 내 꿈이 드디어 이루어지는구나!'

　멜린다는 즉시 웨딩드레스 스케치로 가득 찬 스케치북을 떠올렸어.

　'나는 그중 하나를 실제로 만들 수 있어!'

　그건 멜린다 인생에서 가장 중요한 웨딩드레스가 될 테고, 멜린다는 엄마를 위해 뭔가를 만들고 돈까지 받을 수 있어!

'이건 내가 공식적으로 디자이너가 된다는 뜻이야. 공식적으로 디자이너가 된다고!'

엄마가 미소를 지으며 넌지시 말했어.

"그럼, 한번 해 볼래?"

"네, 네, 그럼요! 고마워요, 정말 고마워요, 엄마!"

두 사람은 동시에 웃음을 터뜨렸어.

집으로 돌아오는 길에 엄마는 결혼식 장소와 손님들 자리, 초대 명단에 대해 계속 이야기했지만, 멜린다의 귀에는 들리지 않았어. 오로지 엄마의 웨딩드레스를 만들 생각뿐이었지.

다음 주 내내 멜린다는 웨딩드레스에 매달렸어. 엄마의 웨딩드레스는 멜린다가 지금까지 디자인하고 만든 어떤 작품과도 달랐어.

'해야 할 일이 산더미같이 많아.'

설상가상으로 멜린다는 이른바 #패션막힘 현상을 겪었어. 영감이 도통 떠오르지 않았고, 간혹 아이디어가 떠올라도 전혀 적합하지 않은 것뿐이었지. 매일같이 디자인을 완성하려 노력했지만 어느 정도 윤곽이 잡힐 때마다 의심에 휩싸였어.

'이건 너무 전통적이야. 아니야, 이건 너무 튀잖아. 이 레이스는 예쁜가, 아니면 구식인가? 이 천으로 이런 접힘과 주름을 실제로 만들 수 있을까? 이 드레스는 이게 빠지면 쓸모가 없을 거야.'

주말이 되자 멜린다는 완전히 공황 상태에 빠져들었어. 디자인을 빨리 마치지 않으면 재료를 제때 살 수 없을 테고, 재료를 제때 사지 못한다면, 엄마가 결혼식 날 드레스를 입지 못하게 될 수 있었으니까.

'멜린다, 심호흡해. 진정해야 해.'

멜린다는 드레스 생각에서 잠시 벗어나려고 마리아나, 프리야와 함께 쇼핑몰을 구경하기로 했어. 그곳에서 마음을 편하게 해 주는 새 옷과 향수 가게의 향을 들이마시며 고민거리에 대해 친구들과 이야기를 나눴지.

"얘들아…… 나, 어떻게 해야 하지?"

마리아나가 눈썹을 치켜올리며 말했어.

"솔직히, 네가 그런 걸 하기로 했다는 것 자체가 믿기지 않아. 나라면 절대 안 해. 너무 부담스럽잖아."

"마리아나! 그런 말은 도움이 안 돼. 멜린다, 걱정하지 마."

프리야가 멜린다의 팔짱을 끼며 말하자 멜린다가 한숨을 쉬며 낙담했어.

"디자인만 제대로 하면 돼. 그냥 단지 약간의 영감이 필요할 뿐이야."

"그래, 그런데 그걸 어떻게 얻어? 난 못 해. 어쩌면 그냥 포기하는 게 나을지도 몰라."

"잠깐! 넌 영감이 필요해, 그렇지?"

마리아나 말에 멜린다가 고개를 끄덕였지.

"우리가 말 그대로 영감 안에서 헤엄치고 있다고 생각해 봤어? 주위를 둘러보라고!"

마리아나는 쇼핑몰을 오가는 사람들을 가리켰어.

"여기에 수많은 패션 스타일이 있잖아. 그러니까 네가 드레스에 사용할 만한 아이디어를 분명히 찾아낼 수 있을 거야. 패션타운의 요정들에게서 힌트를 얻어 봐!"

프리야가 낄낄거리며 고개를 저었어.

"그만해, 진지한 아이디어만 내놓으라고. 테이스트리스 씨에게서 웨딩드레스 아이디어를 얻지는 못할걸."

몇 미터 떨어진 패션타운 핫도그 가판대에서 테이스트리스 씨가 맛있기로 소문난 핫도그와 햄버거를 굽고 있었어. 그의 빨간 스웨터와 노란색 형광 바지는 끔찍하게 안 어울렸지.

"말이 나와서 말인데, 나 배고파!"

프리야가 덧붙이자 마리아나가 당당히 말했어.

"분명히 말하는데, 이건 진지한 아이디어야! 그렇게 무시하지 말라고. 난 천재니까."

프리야가 어이없는 표정을 짓자 마리아나가 말했어.

"아, 나도 배고파! 난 핫도그를 먹을래. 멜린다, 너는?"

"난 배 안 고파. 둘이 다녀와."

"금방 올게!"

프리야와 마리아나가 후다닥 뛰어갔어.

멜린다는 한숨을 쉬며 테이스트리스 씨를 죽 훑어봤어. 그런데 다시 보니 테이스트리스 씨의 스웨터가 마음에 든다는 걸 깨달았어. 특히 뜨개질 패턴이 마음에 들었지.

'물론 바지와는 안 어울리지만, 따로 떼 놓고 색상을 오프 화이트*로 하면, 웨딩드레스 스커트로 딱 맞겠는걸.'

주위를 둘러보며 멜린다는 똑똑히 깨달았어.

'마리아나 말이 맞아. 영감은 어디에나 있어!'

캔디랜드 사탕 가게를 보니 오캐러멜 씨가 멋진 흰색 레이스 스카프를 두르고 있었어. 멜린다는 중얼거렸지.

"저 재단과 색상은 면사포에 잘 어울릴 거야."

멜린다는 본능적으로 휴대 전화를 집어 들고 폰 카메라 줌을 당겨 스카프를 확대한 뒤 재빨리 사진을 찍었어.

'아차!'

멜린다는 사진을 찍으면서, 패션그램에 〈오늘의 스타일〉을

---

* 오프 화이트Off-White는 흰색에 가까울 만큼 밝은색이지만, 완전한 흰색과는 차이가 나는 색을 말한다.

게시하는 걸 깜박했다는 사실을 깨달았어. 드레스에 정신이 팔려 까맣게 잊고 있었지.

'지금은 내 사진을 올릴 수 없어. 어떡하지?'

머리는 엉망이었고 입에는 조금 전에 카페에서 산 핫초코가 묻어 있었어.

스카프 사진을 내려다보던 멜린다는 갑자기 좋은 생각이 떠올랐어.

"빙고! 이건 패션 유레카*야."

멜린다는 패션그램을 열어서 얼른 문구를 입력했어.

멋진 흰색 스카프 😍 #패션타운몰 길게 두 번 더 감았으면 좋겠지만! #패션실황 #패션리뷰

그런데 스카프 사진을 막 올리려던 참에 갑자기 의심이 들었어. 전에는 자신이 아닌 다른 사람 사진을 올린 적이 없었거든. 약간 불안했지만, 멜린다는 잠시 망설이다가 결국 사진을 게시했어.

곧바로 멜린다의 휴대 전화가 윙윙거리기 시작했어. 팔로워

---

* 무언가를 깨닫거나 알아냈을 때의 기쁨을 나타내는 표현이다. 아르키메데스가 욕조에 넘치는 물을 보고 왕관의 순금 여부를 알아낼 방법을 깨닫게 되자 '유레카'라고 외쳤다는 일화에서 유래했다.

들이 그 사진을 좋아해서 반응이 난리가 난 거야. 최근의 팔로워인 @Fashion4Fun이 댓글을 달았어.

이 사진이 진짜 마음에 드네요. 😘 😃 계속 코멘트 달아 주세요!

불과 몇 분 뒤, 열 개의 추가 계정이 멜린다를 팔로우했지. 멜린다는 생각했어.

'웨딩드레스에 대한 아이디어도 얻고 패션그램 팔로워가 늘었잖아? 마리아나는 정말 천재야.'

멜린다는 집에 돌아온 뒤에도 마리아나의 아이디어가 머릿속에서 떠나질 않았는데 왜냐하면 어딜 가든 사람들의 옷차림에서 아이디어를 봤기 때문이야. 식료품점에서 엄마가 농장 직영 채소를 살펴보는 동안 멜린다는 제빵 코너의 수석 제빵사인 초코 케이크 씨와 그녀의 벨벳 치마를 사진으로 찍고 있었어. 계산대에서는 아드리아나 파퓰러의 하얀색 홀터* 상의를 찍었지.

---

* '홀터'는 사전적 의미로 말의 고삐를 뜻하는 말로 팔과 등 부분이 많이 드러나 있으며 어깨 쪽으로 걸리는 부분이 양 갈래 끈으로 되어 있어서 목 뒤로 묶는 스타일의 옷을 말한다.

'웨딩드레스에 홀터 컷이 있으면 어떨까?'

멜린다는 사진을 찍을 때마다 그걸 패션그램에 공유하면서 비난조의 글을 덧붙였어.

로컬그로서즈에서 찍음. 벨벳? 아이고. 😆 그래도 디자인 덕에 수수해 보이긴 하네. 웨딩드레스에 딱 맞겠다!

'이 정도는 괜찮겠지?'

각각의 사진은 엄청난 수의 '좋아요'와 댓글, 팔로워를 만들어 냈고, 모두가 이런 사진을 좋아했어! 멜린다는 이유를 알 수 있었지. 자기가 봐도 멜린다의 〈오늘의 스타일〉보다 이런 사진이 훨씬 더 재미있었거든. 멜린다는 생각했어.

'최고의 패션 디자이너들은 비평가로 일을 시작했지.'

멜린다는 이로써 패션에 눈을 뜨게 됐어!

다음 날 학교에 간 멜린다가 교실에 들어서자 프리야와 마리아나가 득달같이 달려왔어. 마리아나가 의기양양하게 말했지.

"멜린다! 네가 올린 사진을 봤어. 천재적이더라! 아니, 내가 말했잖아, 난 천재야!"

그런데 프리야는 억지로 웃는 것 같았고 뭔가 불안해 보였어. 멜린다가 물었어.

"프리야, 왜 그래?"

"그냥 좀 조심하는 게 좋을 거 같아, 멜린다. 내 말은, 네 설명과 댓글이 좀…… 뭐랄까."

프리야가 망설였어.

"무례하다고 할까? 난 그냥 너한테 곤란한 일이 생기지 않기를 바랄 뿐이야."

멜린다는 속으로 어이가 없었어.

'그럼 그렇지. 흥을 깨는 건 언제나 모범생 프리야 양의 몫이라니까.'

마리아나가 멜린다의 손을 꼭 잡으며 말했어.

"곤란한 일? 멜린다는 상을 받아야 한다고."

마리아나와 멜린다는 깔깔대며 웃었지. 프리야는 짜증이 난 것 같았어.

"난 1교시 수업에 들어가야 해."

프리야가 떠난 뒤 마리아나는 한숨을 쉬며 멜린다에게 귓속 말을 했어.

"멜린다, 프리야 말은 무시해."

'내 말이.'

멜린다도 그렇게 생각했어.

멜린다는 온종일 같은 반 학생들의 사진을 찍고 또 찍었어. 레미 대즐의 눈부신 벨트는 멜린다가 패션그램에서 말했듯이 좀 #과했지만, 멜린다는 그걸 보고 이런 생각이 들었어.

'웨딩드레스에 잘 어울릴 만한 흰색 벨트를 두르면 어떨까?'

역사 수업에서는 잭 팬시가 독후감을 발표하기 위해 정장을 입고 왔는데 그 모습이 멜린다의 새아버지가 될 팻 맥타이즈의 젊은 시절 모습을 쏙 빼닮아 있었어!

'결혼식장에서 팻 아저씨의 모습이 어떨지 상상이 가네.'

멜린다는 점심시간이든 쉬는 시간이든 틈날 때마다 사진을 패션그램에 모조리 공유했어. 멜린다의 계정은 점점 더 인기를 끌었고, 하루 만에 새 팔로워가 500명이나 늘었지.

그날 저녁, 숙제를 끝낸 뒤 멜린다는 최종 스케치 작업을 시작했고 자기가 찍은 사진에서 색상과 패턴, 디자인에 대한 아이디어를 얻었어. 창의력이 용솟음쳤지.

'내 적성에 맞는 일을 드디어 찾아냈구나.'

그 순간 휴대 전화가 울렸어. 삑. 멜린다는 휴대 전화를 힐끗 봤지만 이내 고개를 저었어.

'집중해, 멜린다. 작업에 몰입해야지.'

삑.

'또? 무시해, 무시해, 무시하라고.'

하지만 다시 집중하려는 순간 휴대 전화가 마구 울려대기 시작했어. 삑. 삑. 삑. 삑.

"뭐야?"

당황한 멜린다는 휴대 전화를 집어 들었어.

"팔로워가 더 생겼나?"

멜린다는 흐뭇하게 중얼거리며 앱을 열었어. 프로필을 클릭한 뒤, 멜린다는 숨이 턱 막혔어.

'맙소사! 잠깐만. 이럴 수가.'

멜린다의 계정에 엄청나게 많은 사람이 들어왔고, 수많은 학교 사람들이 멜린다를 팔로우했는데 그중 상당수는 멜린다가 전혀 모르는 사람들이었어.

'새로운 팔로워가 3,000명이라고? 말도 안 돼.'

바로 그때, 삑 소리가 났어.

@REMYDAZZZLE이 당신을 팔로우합니다!

@FASHIONTOWEMALL이 당신을 팔로우합니다!

@ADRIANAPOP이 당신을 팔로우합니다!

멜리나는 가슴이 철렁 내려앉는 것 같았지.

몇 초 뒤 댓글이 떴어.

@REMYDAZZZLE @MelindaFashionBlog 어떻게 나한테 묻지도 않고 사진을 올릴 수가 있니? 무례하잖아. 😡 퇴학이나 당해라!

다른 팔로워들이 그 댓글에 '좋아요'를 누르고 댓글을 달았어.

뭐야. 물어보지도 않고 남의 사진을 올렸다고? 😳 기가 막히네. 😟

한 시간 뒤, 멜린다는 반 친구들에게서 항의 메시지 수십 개를 받았고, 심지어 초코 케이크 씨한테도 받았어!

친애하는 멜린다에게, 허락도 없이 제 사진을 찍어서 비평과 함께 인터넷에 올린 것은 대단히 부적절한 행동입니다. 저는 당신에게 제 옷차림을 평가해 달라고 한 적 없습니다.

멜린다는 그 메시지를 읽으면서 움츠러드는 느낌이 들었어. 그리고 그제야 깨달았지.

'프리야 말이 맞았어. 내가 엄청난 실수를 저질렀구나. 이건 사상 최악의 패션 위기야.'

멜린다는 즉시 모든 사진을 삭제했어.

'자, 이제 문제를 해결했어. 그렇지?'

왠지 모르게 멜린다는 여전히 부끄럽고 후회스러운 마음을 떨칠 수 없었어. 멜린다는 무슨 짓을 한 걸까?

그때 갑자기 문이 확 열렸고 깜짝 놀란 멜린다가 펄쩍 뛰며 휴대 전화를 보던 고개를 들어 올렸어. 엄마가 문가에 서서 노려보고 있었지. 엄마가 화를 내며 목소리를 높였어.

"방금 룰 교장 선생님과 통화했는데, 아주 흥미로운 얘기를 들었어. 멜린다 리앤 스커트셔츠, 네 패션그램 계정에 왜 다른 사람들 사진이 올라와 있는지 설명해 줄래?"

"엄마, 제가 다 설명할게요."

멜린다는 입을 뗐지만 목소리가 떨렸어. 그래서 심호흡을 했지.

"전 그냥 웨딩드레스 때문에 고심하고 있었어요. 그러다가 아이디어가 좀 필요해서 사진을 몇 장 찍었고요. 별거 아니었어요! 일종의 패션 디자인 작업이에요."

멜린다 목소리가 점점 작아졌어. 엄마는 쌀쌀맞게 말했지.

"글쎄다, 그게 뭐든 간에 이젠 끝났어. 멜린다 네가 웨딩드레스에 정성을 쏟은 건 인정한다. 하지만 그건 변명이 될 수 없어. 만약 네가 웨딩드레스를 만드는 데 그런 게 필요하다면, 그냥 이번 프로젝트는 하지 않는 게 낫겠다."

멜린다가 다급하게 항의했어.

"그냥 사진 몇 장일 뿐이에요! 엄마, 제발요!"

"아니. 그렇지 않아, 멜린다! 네 휴대 전화를 단순히 너와 관련된 것으로 생각하면 안 돼."

멜린다는 말을 멈추고 잠시 생각에 잠겼어. 그리고 깨달았지.

'엄마 말이 맞아. 내가 한 말은 나에게만 영향을 미친 게 아니라, 다른 사람들에게도 영향을 미쳤어.'

멜린다도 마음속으로는 이미 그걸 알고 있었지만, 진실을 외면했고 그 결과는 #패션재앙이었어. 엄마가 이렇게 말했어.

"네가 누군가를 해치거나 사생활을 침해할 의도가 없었다는 건 알아. 하지만 네 의도와 무관하게 결과적으로는 결국 네가 그 일을 한 셈이 되어 버렸어."

멜린다가 고개를 숙이며 인정했어.

"제가 먼저 물어보고 사진을 올려도 될지 허락을 구했어야 했어요."

엄마가 고개를 끄덕였어.

"그리고 네가 패션 비평가가 되려고 한다면, 네 팔로워들과 네 사진 모델이 되는 사람들에게 네가 사진을 찍는다는 사실을 알려야 해. 말이 나온 김에 하는 말인데, 최고의 비평가들은 무례하지 않아!"

멜린다가 한숨을 쉬었어.

"그렇지만 제 팔로워들이 좋아했단 말이에요!"

멜린다는 패션그램에서 받았던 모든 '좋아요'와 댓글을 떠올리며 말했어.

"네가 생각해야 할 건 네 팔로워가 아니야. 네가 어떤 사람인지, 어떤 사람이 되고 싶은지, 그리고 친구들에게 어떤 책임을 져야 하는지를 생각해 봐."

엄마가 고개를 저으며 말을 이었어.

"난 네가 이보다는 성숙할 줄 알았어. 엄마가 착각한 게 분명하구나. 미안하지만 이제 웨딩드레스 작업은 그만두는 게 좋겠다, 멜린다."

'웨딩드레스 작업을 그만두라고? 이럴 수가.'

멜린다는 빌다시피 했어.

"제발요, 엄마! 엄마의 웨딩드레스는…… 제 전부나 다름없어요. 웨딩드레스 만들 생각에 행복했단 말이에요, 엄마도 알잖아요? 제발요."

엄마가 멜린다를 바라봤어. 멜린다는 엄마가 고심하고 있다는 걸 알 수 있었지.

"좋아, 그럼 한 가지 조건이 있어."

"뭐든 좋아요! 뭔데요?"

"이 일을 바로잡겠다고 약속해."

엄마가 단호히 말했고 멜린다는 고개를 끄덕였지.

'문제를 바로잡을 시간이야.'

그 뒤로 며칠 동안, 멜린다는 웨딩드레스가 아니라 자기가 일으킨 재앙을 바로잡기 위한 작업에 매달렸어. 몇 시간 만에 패션그램에 사과문을 올렸지.

@MelindaFashionBlog 제 팔로워와 패션그램 공동체의 모든 분께, 정말 죄송합니다. 저는 사진을 공유하는 과정에서 패션 창작의 첫 번째 규칙인 존중과 긍정을 어겼습니다. 제가 배우게 된 것은 이 규칙들이 패션 공동체에서는 두 배로 중요하다는 것입니다.

@Fashion4Fun이 댓글을 달았어.

@Fashion4Fun 맞아요. 잘못을 인정한 당신이 자랑스럽습니다.

멜린다는 자신이 사진을 찍었던 사람들에게 각각 사과 메시지를 보냈어. 레미한테서 답장이 왔지.

> 괜찮아. 메시지 보내 줘서 고마워.

초코 케이크 씨한테서도 답장이 왔어.

> 고마워요, 멜린다. 실수를 통해 배우는 모습을 보니 기분이 좋네요.

멜린다는 생각했어.

'그래, 난 실수를 통해 교훈을 얻었어. 다시는 이런 짓을 하지 않을 거야.'

며칠 뒤 저녁, 사과를 끝낸 멜린다가 패션그램을 열었어. 패션 대재앙이 마침내 끝났기 때문에 한결 편한 마음으로 사진을 스크롤 할 수 있었지. 그해 초 올린 사진이 멜린다의 눈에 띄기 전까지는 말이야. 그건 멜린다와 마리아나, 프리야가 핼러윈을 맞이해서 전부 슈퍼 히어로로 분장하고 찍은 사진이었어. 사진

속에서 멜린다와 친구들은 활짝 웃고 있었는데, 어떤 일 때문인지는 기억나지 않았어. 불현듯 멜린다는 마지막으로 해야 할 일이 하나 있다는 사실을 깨달았어.

한 시간 뒤 멜린다는 패션타운에서 산 핫도그를 손에 들고 프리야 집 문 앞에 서 있었어. 프리야는 어리둥절한 표정을 지었지.

"멜린다? 어쩐 일이야?"

멜린다가 심호흡을 하고선 말했어.

"프리야, 사진 일에 대해서 정말 미안해. 넌 나한테 경고를 해 주려 했고, 난 네 말을 들었어야 했어. 그런데 오히려 반대로 행동했지. 난 나쁜 친구였고, 나도 이런 내가 너무 싫어."

멜린다가 핫도그를 들어 올리며 말했어.

"날 용서해 줄래?"

속으로 덜덜 떨며 생각했지.

'싫다고 하면 어떡하지?'

잠시 침묵이 이어졌어. 프리야가 미소를 지으며 말했지.

"당연하지, 멜린다. 우리는 영원한 절친이잖아, 그렇지?"

둘은 얼싸안았어. 멜린다는 안도의 한숨을 내쉬었지. 패션그램 없이는 살아도, 마리아나와 프리야 없이는 살 수 없었거든!

프리야가 사려 깊게 말했어.

"그리고 분명히 말하지만, 넌 나쁜 사람이 아니야. 마리아나 탓도 있었고, 그 아이디어가 전적으로 나쁜 것도 아니었어. 단지 네가 그걸 잘못된 방식으로 사용했을 뿐이지."

멜린다는 갑자기 어떤 생각이 떠올라서 "패션 유레카" 하고 혼잣말을 한 뒤 물었어.

"프리야, 내 패션그램에 출연해 볼래? 내가 좋아하는 스타일과 패션을 알리고 싶어. 오늘 밤 네가 입은 옷이 정말 끝내주거든. 물론 사진과 글은 네 허락을 받고 올릴 거야!"

프리야가 환한 얼굴로 꺅 소리를 질렀어.

"좋아! 나도 패션그램에서 유명해지고 싶어!"

멜린다가 미소를 지었어.

'이제 패션 임무를 완수했어!'

도전, 디지털 챌린지!

1장을 다 읽은 걸 축하해! 이제 너희는 공식적으로 '디지털 시민' 배지를 획득했어!

멜린다 스커트셔츠는 재능이 넘치는 패션 디자이너지만, 우리가 읽은 것처럼 패션그램에서 사고를 쳤어! 멜린다가 문제를 일으킨 주된 이유는 훌륭한 디지털 시민이 되려면 어떻게 해야 하는지 몰랐기 때문이야. 인터넷은 혼자만의 공간이 아니야. 인터넷은 공동체이고 너희가 하는 모든 말과 행동이 수많은 사람에게 닿을 수 있어. 안타깝게도 멜린다는 다른 사람의 사진을 온라인에 올릴 때 허락을 구하지도 않았고, 자신의 논평이 그들에게 미칠 영향을 생각하지도 않았으며, 그럼으로써 자신과 같은 디지털 시민에 대한 의무를 저버렸어. 일부러 그러려던 건 아니었지만 말이야! 멜린다가 결국 위기에서 벗어날 수 있었던 건, 마리아나의 아이디어를 완전히 버려서가 아니라 다른 사람에 대한 존중과 배려를 게시물의 중심에 두어야 한다는 걸 깨달았기 때문이야.

멜린다의 이야기를 다 읽었으니, 이제 너희가 새내기 디지털 시민으로 당당히 나설 때야! 첫 번째 도전 과제로, 친구와 함께 찍은 사진을 소셜 미디어 플랫폼에 올리기 전에 친구의 허락을 받고, 설명 글에 #물어보는것은항상중요한 이유를 설명해 봐. 친구 다섯 명을 태그한 다음 똑같이 해 달라고 요청해. 예를 들어 오른쪽에 있는 내 셀카를 봐!

TrishPrabhu

@TrishPrabhu 오늘 내 친구 닉과 함께 놀아서 너무 좋았어! 😃 디지털 챌린지로 게시물을 올리기 전에 꼭 물어봤지. 왜냐하면 #물어보는것은항상중요하기 때문이야! 닉이 이 필터를 좋아하지 않으면 어떡하지?! 이 과제를 @친구1, @친구2, @친구3, @친구4, @친구5 에게 전달해! 게시물을 올리기 전에 물어보는 게 일반적인 예의야! 😄

인터넷에 관한 가장 중요한 교훈 중 하나는,
인터넷 사용자도 진짜 사람이라는 사실이야.

그러니 다른 사람의 얼굴을 보고
할 수 없는 말이라면
온라인에서도 해서는 안 돼.

그래도 잘 모르겠다면,
스스로 다음과 같이 물어봐.
'내가 이 말을 다른 사람의 얼굴을
직접 보면서도 할 수 있을까?'

2장
인터넷 뒤에 사람 있어요!

후회할 말을 한 적이 있니? 우리 모두 그런 순간을 경험해. 특히 나 말이야! 아마 넌 부모님에게 화가 나거나, 학교 연극에 참여하지 못해서 실망하거나, 운동을 오래 해서 피곤할 때(또는 세 가지 경우 모두!) 갑자기 끔찍한 말을 할 거야. 보통은 "미워!" 또는 "저리 가, 바보야!"처럼 진부한 표현을 쓰지. (난 이런 말과 가끔 훨씬 더 심한 말을 한 것에 대해 죄책감을 느껴.) 나는 그런 말을 하고 나면 항상 기분이 나쁘더라. 불행하게도, 휴대 전화 화면 뒤에 있으면 최악의 행동이나 마음에 없는 심한 말을 하기가 훨씬 쉬워. 그런 짓을 반복해서 하는 걸 '사이버 폭력'이라고 불러. 사이버 폭력은 정말 짜증 나! 피해자는 상처받고 가해자는 자신의 정체성을 더럽히지. 즉, 여기에 승자는 없어. 다행히도 다음과 같은 단순한 주문을 따르면 자신을 통제할 수 있어.

다른 사람의 얼굴을 보고 직접 할 수 없는 말이라면, 온라인에서도 하지 말라. 인터넷 사용자도 진짜 사람이야! 혹시 잘 모르겠다면, 어떤 행동을 하든 친절하게 하면 돼.

브로디 맥뉴키드는 마치 사람들의 바다처럼 보이는 곳을 바라봤어. 사방에 아이들이 있었지. 아이들은 복도를 헤집고, 사물함을 열고, 서로에게 달려들고("이야, 안녕! 이번 여름은 어떻게 보냈어?"), 심지어 서로에게 음식을 던지기도 했어(으악).

'애들은 모두 서로 잘 아는 것 같잖아. 아주 끝내주네.'

그해 초, 아빠가 고속 승진을 해서 온 가족이 워싱턴 DC로 이사할 거라고 발표했을 때, 브로디는 (엄마의 표현대로) '완전히 새로운 세상'을 맞이할 준비를 했어. 하지만 그 순간, 새 학교인 뉴비 중학교 학생들을 바라보고 있노라니, 고향에 대한 그리움이 봇물 터지듯 밀려왔어.

'루이빌로 돌아가고 싶다.'

그곳에서는 개학 날 언제나 그레이비소스[*]를 곁들인 옥수수죽과 따뜻한 버터 비스킷을 먹었지. 하지만 이곳에서는 그날 아침 엄마가 칠면조 베이컨을 차려 놓고 어서 먹으라고 했어.

"이웃 사람들이 추천했어!"

브로디는 칠면조를 처음으로 한입 베어 물었던 기억이 떠오르자 몸서리를 치며 중얼거렸어.

"역겨워!"

"브로디, 왜 그러니?"

아빠 목소리가 브로디의 생각을 가로막았어.

"아무것도 아니에요."

브로디는 아빠를 올려다보며 퉁명스럽게 대꾸했어.

아빠는 브로디의 어깨에 손을 얹고 브로디의 눈을 똑바로 바라봤지. 브로디는 어떤 일이 일어날지 알고 있었어. 그건 바로 브로디의 누나가 '맥뉴키드를 위한 시간'이라고 부르는 것의 전형적인 사례였어.

"야, 혹시 긴장되니? 괜찮아, 알았지?"

아빠의 말에 브로디는 고개를 끄덕였어.

---

* 육류를 철판에 구울 때 나오는 육즙에 후추, 소금, 캐러멜 따위를 넣어 만든 소스로, 구운 쇠고기나 닭고기에 곁들인다.

"아빠 말 좀 들어 봐. 처음이라 좀 낯설겠지만, 신나기도 하잖아! 새로운 사람을 만나고 새로운 경험을 하게 될 테니."

브로디는 어이없다는 표정을 지었어.

"그런 태도를 보여선 안 돼."

아빠가 브로디의 손을 잡았어.

"잘해 보겠다고 약속해라."

브로디가 한숨을 쉬었어.

"알겠어요."

"장하다! 아들아, 아빠는 네가 자랑스러워."

아빠가 브로디를 끌어당겨서 꽉 껴안았어. 그리고 손목시계를 내려다봤지.

"젠장, 가야겠네. 저녁 때 보자. 이따 오늘 학교생활이 어땠는지 들려주렴!"

아빠는 그대로 사라졌어. 등 뒤에서 노우지 교장 선생님이 다정하게 묻는 소리가 들렸지.

"브로디, 수업에 들어갈 준비가 됐니?"

"네, 교장 선생님."

노우지 교장 선생님은 미소를 지었어.

"좋아. 네 수업 시간표를 보니, 일단 조례에 참석하고 1교시 화학 수업에 들어가면 되겠다. 너도 알겠지만, 그다음부터는 시간표만 따라가면 돼. 그리고 혹시 도움이 필요하면…… 음, 오전에는 내가 비교적 한가하니까 직접 교실까지 바래다주고 학교 구조를 파악하게 도와주마.”

교장 선생님 뒤에 서 있던 브로디는 몇몇 아이들이 사물함 옆에서 대화를 엿들으며 히죽거리는 모습을 봤어.

“안 돼요!”

브로디가 잽싸게 말했어.

“그러니까, 정말 고맙습니다, 노우지 교장 선생님. 정말로 감사해요. 하지만 혼자 찾아갈 수 있어요.”

‘학교 전체가 나를 아기로 생각하게 둘 수는 없지.’

교장 선생님이 고개를 끄덕였어.

“좋아. 그렇게 하거라, 브로디. 하루를 즐겁게 보내길 바란다.”

브로디는 생각했어.

‘두고 보면 알겠죠.’

브로디는 다시 무리를 지은 학생들을 바라봤어.

‘새 출발을 할 시간이야, 맥뉴키드. 가 보자.’

불행하게도, 학교 건물은 브로디가 예상했던 것보다 훨씬 더

복잡했어. 온통 뒤죽박죽이었지! A 교실 다음에 G, D, E가 나왔어.

"누가 이 건물을 설계한 거야?"

브로디는 화가 나서 중얼거렸어.

같은 방향으로 걸어가는 선생님에게 남몰래 물어본 뒤에야 교실에 도착했지만, 이미 10분이나 늦은 상태였어. 조례를 담당하는 스트릭터 선생님에게 실수일 뿐이라고 해명하려 했지만 선생님은 고개를 저었지.

"우리 학교의 지각 교칙에는 전학생도 예외가 없다. 넌 지각했어. 자리에 앉아."

선생님은 교실 앞줄의 책상을 가리켰고, 브로디는 생각했어.

'따뜻하게 맞아 주셔서 감사하네요.'

자리에 앉았는데 낄낄 소리가 들렸어.

"야, 맥뉴키드!"

오른쪽에서 크고 건장한 남자애가 비웃는 얼굴로 브로디를 보고 있었지.

"그게 네 이름이냐? 맞아?"

브로디가 고개를 끄덕였어.

"이 자식, 신발이 그게 뭐냐?"

그 녀석 옆에 있는 남자애들 서너 명이 웃기 시작했어. 브로디는 자신의 갈색 가죽 부츠를 내려다봤지.

'루이빌에서는 멋진 신발로 통했는데.'

"거기 조용히 좀 해라."

휴대 전화 게임에 정신이 팔린 스트릭터 선생님이 무심히 말했어.

브로디는 종이 울리자마자 교실을 뛰쳐나왔어. 지금까지 이렇게 교실을 나가고 싶었던 적은 한 번도 없었어! 다음 수업이 열리는 교실로 걸어가는데 가슴이 내려앉는 것 같았지.

'이번 이사는 끔찍한 실수야. 아빠는 왜 그런 걸까?'

시간표를 내려다보니 더 화가 나서 소리를 질렀어.

"아니, 도대체 어떤 학교가 중학교 1학년한테 화학을 가르치냐고?"

루이빌에서는 딱 한 과목, 과학만 있었거든.

"나도 전적으로 동감해, 친구야."

어디선가 말을 거는 목소리가 들렸어. 브로디는 깜짝 놀라서 펄쩍 뛰었지.

'뭐야?'

"괜찮아?"

웃음기가 섞인 목소리였어. 브로디가 돌아봤지. 브로디 옆에 한 여자애가 서 있었어! 머리카락의 절반은 보라색, 나머지 절반은 녹색으로 염색을 했지. '남들과 다르게'라는 문구가 적힌 티셔츠는 너무 길어서 무릎까지 닿았어. 사람을 꿰뚫어 보는 듯한 눈은 검은색이었지.

'이런 애는 처음 봐.'

브로디는 속으로 좀 불안했어.

여자애는 한 손을 엉덩이에 얹은 채, 마치 조사라도 하듯이 브로디를 위아래로 훑어봤지.

"학교에서 본 적이 없는데, 넌 누구니?"

브로디가 손을 내밀었어.

"안녕, 난 브로디 맥뉴키드라고 해. 맞아, 난 여기에 처음 왔어. 우리 가족은 켄터키주 루이빌에서 여기로 막 이사왔거든. 오늘 전학왔어."

여자애가 웃었어.

"우아! 친구야, 너 사투리가 심하네."

브로디가 눈을 아래로 깔았어.

'끝내주네. 모두가 날 놀려야 직성이 풀리나.'

여자애는 브로디의 생각을 읽은 것 같았어. 웃으면서 이렇게 말했거든.

"난 그게 맘에 드는데. 멋져, 진짜로."

브로디는 얼굴이 환해졌어. 여자애는 브로디의 손을 잡으며 자신을 소개했어.

"환영해! 내 이름은 파티마야. 파티마 토키."

"그래, 파티마. 만나서 반가워."

브로디가 가상의 모자를 위로 살짝 들어 올리며 말했어. 파티마는 어리둥절한 표정으로 브로디를 바라봤지. 브로디는 생각했어.

'브로디, 다시는 그러지 마.'

"그래서, 1교시가 화학이라고?"

파티마가 물었어. 브로디가 고개를 끄덕이자 파티마가 웃으며 말했어.

"잘됐네! 나도 화학 수업이야. 지금 그리로 갈 건데, 같이 갈래?"

"좋지!"

브로디가 웃으며 대답했어.

'친구가 생겼네.'

자랑스러워하기에는 좀 유치한 일 같았지만, 새 학교(특히 이곳)에서 첫날에 친구를 사귄 건 큰 성과 같았어.

화학 교실로 가는 길에 (수다쟁이) 파티마 토키에 대해 더 알게 됐어. 파티마는 워싱턴 DC에서 태어나서 자랐고, 브로디처럼 1학년이었어. 개 두 마리, 고양이 한 마리, 그리고 형제가 셋이 있다고 했어. (파티마는 브로디한테 '중요한 순서'대로 말했다고 했어.) 놀랍게도 파티마는 브로디처럼 야외 활동을 아주 좋아했어! 두 친구는 곧바로 자기가 가장 좋아하는 하이킹 장소와 트레킹 코스에 대해 이야기하기 시작했어. 파티마가 말했지.

"우리 언제 하이킹 한번 같이 가야겠는걸."

화학 시간에 터프 선생님은 브로디와 파티마를 실험실 파트너로 짝지어 주셨어. ("야호!" 브로디는 기뻐서 환호했고, 파티마는 웃음을 터뜨렸지.) 안타깝게도 수업 자체는 재앙이었어. 브로디는 생각했지.

'물질이 왜 이렇게 헷갈리지?'

수업이 끝날 때쯤, 터프 선생님이 숙제를 내주셨어. 숙제를 보고 브로디는 엄청 당황했지.

'중성자? 중성자가 뭐야?'

이곳의 수업은 루이빌에서 들었던 수업보다 수준이 훨씬 더 높은 것 같았어. 그래서 파티마에게 속삭였지.

"너는 이게 뭔지 알아?"

파티마가 어이없다는 듯 눈을 치켜떴어.

"아니, 전혀. 선생님들은 숙제를 일부러 엄청 어렵게 만들어. 하지만 우리는 알아내고 말 거야! 여기, 네 번호를 알려 줘 봐. 오늘 밤에 같이 답을 확인해 보자."

잠시 후, 브로디는 파티마의 문자를 받았어.

파티마 T.야!

뒤이어 파티마가 물었지.
"아! 너도 소셜북을 하니?"
"하지! 내 계정은 @BrodyMcCoolKid야."
잠시 뒤 브로디의 휴대 전화에 또 다른 알림이 떴어.

@fatimathetitan이 팔로우를 요청했습니다.

수업 종이 울렸어.
"그럼, 난 에스파냐어 수업에 간다. 내일 보자, 브로디!"
브로디는 발걸음을 옮기는 파티마에게 손을 흔들며 생각했어.
'첫날치고 이 정도면 나쁘지 않은걸. 여기가 그렇게 끔찍한
곳은 아닌가 봐.'

띠리리링! 마지막 종소리를 듣자마자, 파티마는 8교시 영어

교실에서 나와 9번 통학 버스에 올라탔어. 버스 운전 기사인 갤팔 아저씨가 인사했어. 갤팔 아저씨는 유치원 때부터 파티마를 통학시켜 준 분이었지.

"안녕, 토키 양! 개학 날은 어땠어? 새로운 소식은 없어?"

파티마는 아저씨와 하이 파이브를 하며 대답했어.

"나중에 자세히 알려드릴게요. 아무튼 나쁘진 않았어요!"

사실이었어. 그렇게 나쁘진 않았지. 에스파냐어 선생님인 세뇨르 심파티코는 정말 친절했고, 선행 대수학은 식은 죽 먹기였어. 물론 화학은 조금 까다로웠지만, 새 친구를 사귀게 된 건 확실히 좋은 일이었지.

'이름이 뭐였더라? 브래디?'

파티마는 생각에 잠겨서 혼자 중얼거렸어.

"브로디 맥뉴키드."

파티마는 브로디가 마음에 들었어.

'아마도 올해가 실패작은 아닐 것 같아.'

파티마는 집에 도착해서도 여전히 기분이 좋았어. 간식을 먹으려고 부엌으로 향했지만, 이내 걸음을 멈추고 말았지. 부엌 탁자에 부모님이 있었어. 보아하니 부모님은 파티마를 기다리고 있었던 거 같은데, 어째 표정이 좋아 보이지 않았어. 아빠는 침통해 보였고 엄마는 눈이 빨갰어.

'으악, 할 얘기가 있으신가 봐.'

부모님이 '할 얘기가 있을 때'면 매번 좋지 않은 일이 있었어. 최근에는 라일라 이모가 돌아가셨다는 소식을 전했지. 파티마는 "엄마 아빠, 안녕"이라고 말했지만, 긴장감을 감출 수 없어서 목소리가 떨렸어.

"안녕, 우리 딸. 개학 날은 어땠어?"

아빠가 묻자 파티마가 조심스럽게 말했어.

"아주 좋았어."

인사치레를 싫어하는 파티마는 바로 본론으로 들어갔어.

"그래서, 무슨 일이야?"

"일단 앉아 볼래?"

엄마가 의자를 빼며 말했어. 파티마는 한숨을 쉬었지.

'또 시작이네.'

그 이후 한 시간 동안 오간 대화는 기억이 잘 나지 않았어. 부모님은 끝도 없이 무슨 말을 했지만, 아빠가 "엄마와 나는 이혼할 거다."라는 폭탄선언을 한 뒤로 파티마는 귀를 닫았어.

'이혼? 어떻게 이런 일이 일어날 수 있지?'

파티마는 숨이 콱 막히는 것 같았어. 부모님이 함께하지 않는 세상을 상상할 수 없었으니까.

"내가 엄마 아빠 중에서 한 사람을 선택해야 해?"

파티마가 외치자 부모님이 얼른 다시 파티마를 안심시키려 했어. 정말로, 아무것도 변하지 않을 것이고, 아빠는 나가서 살기로 했지만 엄마 아빠는 모두 파티마를 너무나 사랑하고, 파티마는 계속 아빠를 정기적으로 볼 수 있다고 말이야.

'이게 끔찍하다고 생각하는 사람이 나 혼자는 아니겠지.'

파티마는 씁쓸해하다가 갑자기 오빠들이 생각나서 물었어.

"함자, 파이잔, 알리는? 오빠들도 알아?"

부모님이 서로를 쳐다봤어. 엄마가 걱정스럽게 답했지.

"그래, 사실 어젯밤에 말했어."

'뭐라고? 나보다 먼저 말한 거야?'

파티마는 항의하려고 입을 열었지만 아빠가 얼른 끼어들었어.

"우리는 네 개학 날을 망치고 싶지 않았어."

"그래서 이게 더 낫다는 거야?"

파티마가 심드렁하게 대꾸하자, 아빠가 고개를 떨궜어.

"우리도 안다. 실망스럽겠지. 하지만 길게 보면, 이게 너를 포함한 모두에게 나을 거라고 생각했어."

'나한테 뭐가 좋을지 엄마 아빠가 어떻게 알아? 어떻게 나한테 이럴 수가 있지?'

파티마는 분노가 끓어올랐어.

"나한테 이런 짓을 한 사람은 엄마 아빠 둘 뿐이야!"

파티마가 소리를 질렀어. 눈물이 얼굴을 타고 흘러내렸어. 엄마가 손을 뻗어 다독여 주려 했지만, 파티마는 탁 쳐냈어. 엄마는 놀라서 움찔했지.

"파티마 토키! 감당하기 어려운 일이겠지만, 그런 행동은 용납 못 해. 당장 사과해라."

아빠의 말에 파티마가 피식 웃었어.

"아, 그래요. 사과하겠습니다. 난 엄마가 싫어."

등을 돌린 파티마는 부엌에서 뛰쳐나와 자기 방으로 올라갔어. 그곳에서 흐느껴 울기 시작했지. 온 세상이 무너지는 것 같았어.

윙.

파티마는 휴대 전화 소리에 깜짝 놀랐어. 눈물을 닦으며 전화기를 집어 들었지.

"누가 문자를 보내는 거야?"

파티마는 혼잣말을 했어. '브로디 맥뉴키드' 메시지는 다음과 같았어.

> 안녕! 화학 숙제를 끝내면 알려 줘!
> 같이 답을 맞춰 보자.

잠시 뒤, 또 다른 메시지가 나타났어. 파티마는 눈살을 찌푸렸지.

'사진이잖아?'

파티마는 사진을 클릭했어. 브로디가 절벽 꼭대기에서 부모님과 형제자매로 보이는 한 무리 사람들에게 둘러싸여 있는 사진이었지. 잠시 뒤, 브로디한테서 또 다른 메시지가 왔어.

> 네가 보면 좋아할 것 같아서. 화이트소프산에서 하이킹을 마친 우리 가족이야! 너희 아빠도 화이트소프산을 좋아하신다고 했잖아.

파티마는 자기 아빠 얘기를 들으니까 화가 났어.

'난 다시는 우리 가족과 하이킹할 수 없겠지.'

슬픈 깨달음이었어. 파티마는 답답해서 외쳤어.

"이건 전부 다 바보 같은 부모님 때문이야."

윙.

"누가 또 문자를 보내는 거야?"

또 브로디였어!

> 사진이 하나 더 있어. 치코피산이야.

문자 밑에는 가족사진이 한 장 더 있었어. 파티마는 분노가 솟구쳤어. 브로디는 왜 자꾸 이런 사진을 보낼까? 파티마는 브로디의 눈꼴사나운 가족사진을 보고 싶지 않았어. 그래서 미처 생각할 겨를도 없이 어느새 문자를 입력하고 있었지.

> 부탁 하나만 들어줄래. 꺼져. 난 너랑 얘기하고 싶지 않고, 짜증 나는 너희 가족한테 관심 없어.

파티마는 전송 버튼을 눌러 버렸어. 아차 하고 다시 읽어 보니 자기가 보기에도 좀 황당했지만 한편으로는 만족감을 느꼈어.

'받아라, 맥뉴키드. 넌 정말 짜증 나는 녀석이야.'

파티마는 정신을 딴 데로 돌리려고 소셜북을 열었어. 평소에는 부모님이 사용 시간을 엄격히 제한하지만, 오늘 밤에는 그럴 거 같지 않았어. 파티마는 씁쓸하게 생각했지.

'좋은 일은 나쁜 일과 같이 일어나는 건가.'

사진을 스크롤 하는 몇 분 동안은 모든 것이 평소와 다름없이 느껴졌어. 타미카 멜로디는 새로 산 기타 사진을 올렸고(파티마는 "정말 멋지다"라고 댓글을 달았어), 조던 비처는 케이프 코드에서 여름을 보낸 사진을 공유했어. 그런데 그때 파티마는 자기 눈을 의심했어.

'이게 누구야? 으… 브로디의 게시물이잖아.'

@BrodyMcCoolKid 내겐 우리 가족, 강아지, 그리고 부츠가
있어. 여기 워싱턴 DC에서 필요한 모든 것이 있네! #개학날

브로디는 사진을 여러 장 공유했는데, 거기에는 그날 신었던
부츠, 래브라두들로 보이는 반려견, 그리고 브로디 옆에서 환하
게 웃고 있는 부모님 사진이 있었어.

'그러셔. 찌질이 브로디가 자기 가족을 나한테 자랑하겠다 이
거지.'

파티마는 속이 뒤집혔어. 사진을 바라보던 파티마는 분노와
고통이 밀려오는 걸 느꼈고 갑자기 댓글을 작성했어.

"친구로서 패션에 대해 조언 하나 해 줄게. 부츠는 집에 놔둬.
그런 건 아무도 좋아하지 않으니까!"

파티마는 재빨리 게시 버튼을 누르고 숨을 내쉬었어.

잠시 뒤, 휴대 전화 알림이 연이어 떴어.

@jimnastie이 댓글을 좋아합니다!

@djhatefol이 댓글을 좋아합니다!

파티마의 댓글은 폭발적인 호응을 얻었어. 파티마는 마음이 불편했지만, 곧 브로디가 먼저 자기한테 상처를 줬다는 걸 떠올렸어. 내면의 목소리가 '하지만 브로디가 일부러 그런 건 아니잖아'라고 말했지만 파티마는 그런 생각을 떨쳐 버렸어. 파티마는 브로디 맥뉴키드와 그의 완벽한 가족이 꼴도 보기 싫었어.

윙.

파티마는 휴대 전화를 바라봤어. 브로디가 문자를 보내왔어.

> 야, 내가 뭘 어쨌길래? 나한테 화난 이유가 뭐야?

곧바로 또 다른 문자가 왔어.

> 소셜북에 단 댓글은 너무하잖아. 무슨 일 있어?

'미치겠네. 지금은 이 짓도 못 하겠다.'

파티마는 휴대 전화를 방 한쪽 구석에 던져 버리고 침대 한가운데서 웅크렸어. 소셜북 댓글에 사람들이 연달아 '좋아요'를 눌러 대는 탓에 휴대 전화 울리는 소리가 계속 들렸어. 파티마는 중얼거렸어.

"적어도 나 혼자만 힘든 밤을 보내는 건 아니네."

그리고 눈을 감았지.

마을 건너편에서는 브로디 맥뉴키드가 침대에 누워 잠을 이루지 못했어. 여전히 파티마가 왜 그러는지 이해해 보려고 머리를 싸매고 있었지.

'나를 좋아하는 것 같았는데. 친구가 됐다고 생각했는데.'

브로디는 한숨을 쉬며 몸을 돌려 이불을 뒤집어썼어.

'내가 말이나 행동을 잘못했는지도 몰라. 어쩌면……'

브로디는 저녁 내내 자신을 괴롭혔던 생각을 떨쳐 내려고 눈을 질끈 감았어.

'어쩌면 모든 게, 친하게 지내자고 하며 다정하게 대해 준 것도 전부 장난이었는지도 몰라. 날 속였는지도 모르지.'

그런 생각을 떠올리자 브로디는 움츠러들었고 수치심과 당혹감에 휩싸였어.

'난 정말 바보야. 그렇지만…… 파티마는 정말 진심인 것처럼 보였는데.'

어쩌면 워싱턴 DC의 아이들이 루이빌의 아이들보다 연기력이 뛰어난 건지도 몰랐어. (그게 사실이라고 해도 브로디는 전혀 놀라지 않았을 거야.)

침대 옆에 있는 시계를 힐끗 봤더니 새벽 세 시였어. 브로디 입에서 신음이 흘러나왔지.

'돌아 버리겠네. 내일 조례 시간에 졸면 스트릭터 선생님이 방과 후에 남으라고 할 거야.'

창밖을 바라보는데 그렇게 외로울 수가 없었어. 브로디는 나지막이 중얼거렸어.

"그냥 고향에 가고 싶다."

찌질하게 들린다는 건 알았지만 그게 솔직한 심정이었어. 브로디는 파티마 토키와 끝났고, 워싱턴 DC와도 끝났어.

이리저리 뒤척이느라 지친 브로디는 아래층으로 내려가 우유를 한 잔 데워 마시기로 했어.

'그러면 좀 나아지겠지.'

계단을 내려가다가 부엌에 불이 켜진걸 보고 깜짝 놀랐어. 고개를 들어 보니, 세라 누나가 탁자에 앉아서 우유를 홀짝이고 있었지!

'나만 그런 게 아니네'라고 생각하니, 마음이 따뜻해졌어.

"안녕, 브로키드."

세라 누나가 브로디의 머리를 헝클어뜨리며 말했어. 브로디는 누나가 붙여 준 별명을 싫어했지만, 그 순간만큼은 친숙하고 반갑게 느껴졌어.

"여태 안 자고 뭐 해?"

세라가 묻자 브로디가 대답했어.

"그러는 누나는 여기서 뭐 하는데?"

세라는 두 손을 번쩍 들어서 화난 척하며 말했어.

"야, 야. 내가 여기에 먼저 왔잖아. 내 부엌이니까 내 규칙을 따라. 네가 먼저 대답해."

"음……."

브로디는 말문이 막혔어.

'무슨 말부터 해야 하지?'

입을 열어서 설명하려 했지만 흐느낌이 새어 나왔고 곧 울음이 터졌어.

세라가 안아서 다독여 주고 나서야 브로디는 학교에서 있었던 모든 일을 털어놓았어. 스트릭터 선생님의 조례에서부터 미칠 듯이 어려웠던 터프 선생님의 화학 수업, 그리고 파티마 토키 사태까지 말이야.

"그래서 나는 무슨 일이 일어났는지도, 내가 어떻게 해야 할지도 모르겠어. 내가 아는 거라고는 난 완전 찌질이고, 친구도 없고, 이곳이 싫다는 것뿐이야."

말을 마치자 자괴감이 들었어. 브로디는 속으로 생각했지.

'맥뉴키드, 세라 누나 앞에서 질질 짜? 창피해서 어떡하냐. 이 밤은 언제 끝날까?'

세라가 브로디를 꼭 안아 주면서 부드럽게 말했지.

"브로디, 누나는 네가 나한테 속마음을 털어놓아 줘서 기분이 좋아. 날 믿어. 지금은 우리 모두가 힘든 시기를 보내고 있어. 심지어 엄마와 아빠도 마찬가지야. 그리고 나도 친구를 사귀려고 애쓰고 있어. 그냥 모든 게 너무 다르잖아."

세라가 한숨을 쉬며 말했어.

"하지만 한 번에 한 걸음씩 내디뎌야 해. 그러지 않으면 너무 힘들 거야."

세라가 자세를 똑바로 했어.

"그러니까 파티마부터 시작해 봐. 거기서부터 잘못된 걸 바로잡으려고 노력하는 거야."

브로디가 투덜거렸어.

"누나! 왜 내가 바로잡아야 해? 난 아무것도 잘못하지 않았어. 잘못한 건 걔라고!"

세라가 진지하게 말했어.

"하지만 내 생각에는 파티마한테 무슨 일이, 그러니까 아마도 힘들거나 끔찍한 일이 일어난 것 같아. 그래서 너한테 화풀이를 하는 거고."

브로디가 움찔했어.

'그런 걸까?'

세라가 말을 이었어.

"물론, 파티마가 한 행동은 옳지 않으니까 너한테 사과를 해야 해. 하지만 사람은 용서받을 자격이 없는 사람을 용서해야할 때도 있는 법이야. 그리고 친구를 사귀고 싶다면…… 음, 그보다 더 좋은 방법이 없지."

브로디는 깨달았어.

'누나 말이 맞아. 파티마와 이야기를 나눠 봐야겠어.'

브로디가 세라를 꼭 껴안았어.

"고마워, 누나."

아마도 세라 누나가 그렇게 못되기만 한 건 아니었나 봐.

다음 날 아침, 파티마 토키는 사물함 거울에 비친 자신의 몰골을 보고 경악했어.

'좀비가 따로 없네.'

깜박하고 알람 시계를 맞추지 않은 탓에 잠에서 깼을 때는 이미 학교에 늦은 상태였어. 서랍에서 스웨터와 바지를 손에 잡히는 대로 꺼내 입은 파티마는 문을 박차고 나가 학교 버스에 올라탔지. 이도 닦지 못한 채로 말이야! 머리도 빗지 않아서 마치 머리 양옆에 걸레 두 짝(하나는 보라색, 다른 하나는 녹색)이 붙어 있는 것 같았어.

파티마는 한숨을 쉬며 고개를 숙였어.

'젠장!'

사물함에는 까맣게 잊고 있었던 화학 숙제가 놓여 있었어. 그리고 화학 숙제 얘기가 나와서 말인데…… 화학 수업에서 짜증 나는 브로디를 봐야 한다는 문제도 있었지. 파티마는 생각했어.

'오늘은 정말 최악이야. 이게 다 엄마와 아빠 덕분이지.'

엄마 아빠는 파티마에게 말을 걸지 않고 있었는데, 아마도 파티마가 사과하기 전까지 계속 그럴 것 같았어. 마치 파티마가 무슨 잘못이라도 한 것처럼 말이야!

'엄마 아빠는 내 사과를 절대 못 받을걸.'

"저기…… 음, 파티마?"

'이런, 어디서 많이 듣던 목소리잖아…… 아냐, 그럴 리가 없는데…….'

파티마가 휙 돌아섰어. 브로디였어!

'얘가 여기서 뭐 하는 거지? 내 메시지를 못 받았나?'

브로디는 팔짱을 낀 채로 파티마의 시선을 차분히 마주했어. 그리고 물었지.

"잠깐 얘기 좀 할 수 있을까?"

파티마는 갑자기 긴장돼서 고개를 끄덕였어.

브로디가 한숨을 깊이 내쉬었어.

"파티마…… 나한테 왜 그런 문자를 보냈어? 그런 댓글은 또 왜 달았고?"

브로디가 고통스러운 얼굴로 물었지.

"나는 내가 뭘 어쨌는지…… 아니 무슨 일이 있었는지도 전혀 모르겠어."

파티마는 쥐구멍이라도 찾고 싶은 심정이었어. 눈앞에서 브로디를 보고 있으니 어제 휴대 전화를 볼 때 느꼈던 대담함이 온데간데없이 사라져 버린 것 같았지.

브로디가 말을 이어 갔어.

"파티마, 너 때문에 나는 마음이 정말 아팠어. 나는 그저 이유를 알고 싶을 뿐이야."

파티마는 갑자기 죄책감에 휩싸였어. 그런 말을 해서는 안 된다는 건 알았지만 당시 파티마는 너무 화가 난 상태였지.

'그래, 네가 그런 문자를 계속 보냈기 때문이야!'

파티마는 가슴이 답답해서 물었어.

"그러게 그런 사진을 왜 나한테 보냈어?"

브로디는 어리둥절한 표정을 지었지. 파티마가 외쳤어.

"너희 가족사진 말이야! 내가 왜 관심이 있을 거라고 생각했어?"

브로디가 말했어.

"너도 하이킹을 좋아한다고 했잖아! 게다가 그건 그냥 사진일 뿐이야! 우리 가족을 왜 그렇게 싫어하니?"

"난 가족이 없으니까!"

파티마가 소리를 질렀어.

'잠깐, 내가 방금 너무 큰 소리로 말했나?'

주위에서 학생들이 지켜보고 있다가 고개를 돌려 속삭이는 게 느껴졌어. 파티마는 볼이 달아올라서 고개를 숙였어.

'너무 창피해.'

파티마는 브로디가 받아치기를 기다렸지만, 아무런 반응이 없었어. 고개를 들어 보니, 걱정스러워하는 브로디 얼굴이 눈에 들어왔어. 파티마 내면의 목소리가 말했어.

'파티마, 브로디는 널 도와주고 싶어 해. 그리고 네 상황을 몰랐잖아.'

파티마는 한숨을 쉬며 나지막이 말했어.

"어제 방과 후에, 부모님이 이혼할 거라고 말씀하셨어."

파티마의 눈에 눈물이 고였어. 브로디가 말했어.

"야, 야, 진정해."

그리고 어느새 파티마를 안아 주고 있었지. 브로디가 말했어.

"정말 미안해."

파티마는 어리둥절했어.

'왜 브로디가 사과를 하지?'

브로디가 안쓰러운 듯 말했어.

"어떡하니, 정말 힘들었겠다."

그 순간 파티마는 깨달았어. 자신이 평소에 그렇게 경멸하던 뉴비 중학교의 얼간이 중 한 명이 되어 버렸다는 사실을 말이야! 파티마는 감정에 휘둘렸고 휴대 전화로는 그러기가 너무나 쉬웠어. 그제야 자기 행동이 끔찍하게 느껴졌고 자기가 브로디에게 한 짓을 믿을 수가 없었어.

'그런데도 브로디는 여전히 나를 다정하게 대해 주는구나.'

파티마는 심호흡을 하고는 고개를 저으며 말했지.

"브로디…… 정말, 정말 미안해. 너무 화가 나서 내가 정신이 나갔었나 봐. 그래서 얼간이처럼 굴고 말았어. 다시는 나랑 이야기하고 싶지 않다고 해도 전적으로 이해해."

파티마는 긴장한 얼굴로 브로디를 올려다봤어. 브로디가 고개를 끄덕이며 말했어.

"괜찮아, 그럴 수도 있지. 누구나 실수하기 마련이고 완벽한 사람은 없잖아."

브로디가 파티마를 보며 씩 웃었어.

"우리 그냥 잊어버릴까?"

파티마는 고개를 끄덕였지.

브로디가 파티마의 사물함을 바라보더니 눈썹을 치켜올리며 물어봤어.

"그럼, 화학 숙제를 도와줄까?"

잠시 후, 두 친구는 동시에 웃음을 터뜨렸지. 파티마는 숙제를 꺼내면서 마음이 편해지는 걸 느꼈어. 그리고 깨달았지.

'다 괜찮아질 거야. 그리고 정말로 그거면 됐어.'

도전! 디지털 챌린지

2장을 마친 걸 축하해! 이제 너희는 인터넷에 관한 가장 중요한 교훈 중 하나를 배웠어. **인터넷 사용자도 진짜 사람이라는 사실이야.**

새로운 동네로 이사해서 새로운 학교에 들어가고 인생을 바꿀 사건을 맞닥뜨리며 어려운 화학 숙제를 해결하는 브로디와 파티마의 이야기는 너희도 경험할 만한 이야기야. 파티마의 사례에서 보았듯이, 휴대 전화에 의지해서 문제를 해결하는 건 해법이 아니었어. 파티마는 결국 그로 인한 결과에 직면해야 했지. 곤란한 대화들, 그리고 자기가 잘못했다는 것을 깨달을 때 느끼는 끔찍한 기분 말이야. 만약 파티마가 우리의 주문인 **"다른 사람의 얼굴을 보고 할 수 없는 말이라면, 온라인에서도 하지 말라."**를 기억했다면, 그 모든 문제를 피할 수 있었을지도 몰라. 하지만 사람은 누구나 실수를 저지르기 마련이지. 브로디의 누나 세라는 그 사실을 재빨리 알아차렸어. 브로디는 '복수'를 하거나 맞불을 놓는 대신, 파티마를 용서해서 나쁜 상황이 더 악화되지 않게 했어.

브로디와 파티마의 이야기를 읽었으니 이번 디지털 챌린지에서 배운 걸 활용할 차례야! 온라인에서 문제가 될 만한 말을 하려고 할 때, 스스로 다음과 같이 물어봐. '내가 이 말을 다른 사람의 얼굴을 직접 보면서도 할 수 있을까?' 다음으로, 네 인생에서 가장 소중한 사람들의 게시물을 공유함으로써 인터넷 사용자도 진짜 사람이라는 것을 너 자신과 세상에 다시 한번 일깨우는 거야. 크리스마스에 가족과 함께 찍은 사진도 좋고, 친한 친구의 사진도 좋아. 그리고 #인터넷긍정주의라는 해시태그를 꼭 사용하도록 해.

TrishPrabhu

@TrishPrabhu 내 #20번째 생일에 아빠와 함께 피자를 즐기게 돼서 정말 신나! 😋 🥳 이번 생일을 특별하게 만들어 준 최고의 아빠에게 #인터넷긍정주의를 전하며, 사랑해요 🖤

고의로 퍼뜨린 잘못된 정보를 '허위 정보',
실수로 퍼뜨린 잘못된 정보는 '오보'라고 해.

인터넷에는 정보가 너무 많아서 그것이
실제로 참인지 일일이 확인하기 힘들어.
팔로워 수가 많거나 미소가 멋지다고 해서
정보 출처를 신뢰할 수 있는 건 아냐.

우리는 다음과 같은 교훈을 얻을 수 있어.
"누구나 온라인에서 거짓 정보의 피해자가
될 수 있으니 당하지 않게 조심하라!"

3장
디지털 탐정이 되는 법

넌 모르는 게 있으면 어떻게 해? 당연히 인터넷에서 먼저 찾아볼 거야! 인터넷이 지식을 넓히는 훌륭한 자원이라는 것은 엄연한 사실이야. 인터넷은 정보로 가득 차 있어! 웹사이트, 뉴스, 사진, 동영상 등 엄청나게 많은 것들이 인터넷에 떠돌아다니지. 수많은 사람이 작성하고 전달하는 그 모든 정보 때문에, 인터넷이 마치 네가 상상할 수 있는 모든 것에 대한 최종 결론처럼 보일 수 있어. 스포일러 같아도 그냥 얘기하자면, 항상 그렇지는 않아! 인터넷에는 정보가 너무 많기 때문에 모든 정보가 실제로 참인지 일일이 확인하기 힘들어. 고의든 실수든 부정확한 정보를 퍼뜨리는 사람을 추적하는 공식적인 '인터넷 경찰'은 없어. 이건 너무 흔한 문제라서 신뢰할 수 없는 정보를 가리키는 멋진 용어까지 있지. 고의로 정보를 퍼뜨렸을 때는 '허위 정보'라 하고, 잘못된 정보가 실수로 퍼졌을 때는 '오보'라고 해. 간단히 말해 온라인에서 보거나 읽는 모든 걸 곧이곧대로 믿지 않는 게 중요해. 최고 능력자들도 인터넷에 곧잘 속아 넘어가거든. 나를 포함해서 말이야(알고 보니 초콜릿은 채소로 '오해받는' 게 아니라 그냥 잘못된 정보였어. 이런😄). 인터넷에 속지 않도록 해!

디지털 탐정이 되어라!

이쯤에서 이런 궁금증이 들 거야. '트리샤, 그러면 온라인에서 보는 모든 잘못된 정보를 거르려면 어떻게 해야 해?' 내가 인터넷에 속지 않기 위해 사용하는 '디지털 탐정' 비법을 알려 줄게. 다음 네 가지 단계만 거치면 우리를 속이려는 정보에서 확실히 벗어날 수 있어.

1. 먼저, 출처를 확인해! 회사의 웹사이트야, 아니면 삼촌의 블로그야? 만약 후자라면, 네가 읽는 정보를 의심해 보는 게 좋아(네 삼촌이 무슨 말을 할지는 모르겠지만 말이야)! 정부 기관처럼 공적인 신뢰를 바탕으로 하는 기관, 단체, 조직은 개인 블로그보다 신뢰도가 훨씬 높아. 요약하자면 인터

넷 주소 끝에 .org가 붙으면 신뢰도가 높다는 거야.*

2. 날짜를 확인해. 이 기사/페이지/미디어/정보가 언제 작성되거나 공유됐는지 확인하는 거야. 몇 달 전이라면 아직 유효할 가능성이 커. 하지만 몇 년 전이라면, 유효할 가능성이 작을 거야. 너도 조나스 브라더스**가 15세, 14세, 13세라고 말하는 기사를 믿지는 않겠지?

3. 익명을 피해. 기사를 쓴 사람이 누구인지 확실하지 않거나 이름이 적혀 있지 않다면 시간 들여 읽을 가치가 없을 거야. 작성자가 자신이 공유하는 정보를 자기 것이라고 주장하지 않는다면, 그 정보가 공인되거나 신뢰할 만한 것일 가능성은 별로 없어.

4. 편견은 없는지 살펴봐! 엄마가 나한테 크리스마스 가족 파티에서 노래를 부르라고 강요했던 때가 아직도 기억나(한마디로 말해서, 너무 부끄러웠어). 엄마는 노래를 부를 때 내 목소리가 '신성'하다고 생각해. 사실일까? 엄마는 나에 대

---

* 인터넷 주소를 흔히 도메인이라고 하는데, 도메인 제일 뒤 마침표(.) 뒤에 붙는 것을 도메인 확장자라고 한다. 도메인 확장자로 쓰이는 org는 조직, 단체, 기구를 뜻하는 영어 단어 Organization의 줄임말로, 웹사이트 끝에 이 확장자 이름이 붙는 곳은 대부분 비정부 단체(NGO)나 교육 기관일 수 있어서 신뢰도가 높은 편이다.

** 2005년에 데뷔한 미국의 보이 그룹으로 1987년생, 1989년생, 1992년생 멤버로 구성되어 있다.

한 편견이 있어. 왜냐하면 엄마는 우리 엄마니까! 엄마는 당연히 내가 제2의 비욘세인 것처럼 말했지("모든 음반사가 너와 계약하려고 할 거야!"). 그게 최악의 상황을 초래하리라는 걸 그 자리에서 알았어야 했는데. 같은 개념이 온라인에도 적용돼. 만약 너무 극단적인 언어를 본다면, 조심해. 작성자에게 어떤 의도가 있을지도 몰라. 어쩌면 우리 엄마보다 더 사악한 의도가 있을지도 모른다고!

이제 내부 정보를 얻었으니, 다음 이야기로 넘어가자!

셜록 솔버는 숨을 깊이 들이쉬며 책상에서 한 발짝 물러섰어. 속으로 '집중해, 셜록'이라고 말하며 의지를 불태웠지. 셜록은 이 순간에 도달하기 위해 몇 시간 동안 공을 들였어. 이제 와서 일을 망칠 수는 없었지.

'연결점이 어디 있지? 연결점을 찾아내.'

책상을 내려다보며 눈으로 자료를 훑었어. 셜록 앞에는 서류, 인물 사진, 그리고 각종 물건이 책상에 널브러져 있었어. 문서는 엉망진창이었는데, 단어에는 밑줄과 동그라미가 쳐져 있었고 여백에는 여기저기 메모가 흩어져 있었어. 이가 빠지고 헤진 물건이 서너 가지 있었지만 그중에 중요한 건 없었어. 중요한 건 오직 셜록이 문서와 문서를 연결하는 데 사용한 여러 색상의 실뿐이었어. 셜록의 미스터리에 대한 해답은 빨간색, 하얀색, 파란색 실 사이에 얽혀 있었어(셜록은 아버지의 헛간에서 실을 발견했는데, 가족이 미국 독립 선언 기념일에 쓰고 남은 것이었지). 셜록은 책상 위에 놓인 첫 번째 문서를 다시 봤어.

'가만. 아하, 오후 네 시야.'

책상을 가로질러 또 다른 문서를 봤지.

'빙고! 뮤지커 가족은 매주 토요일 오후 네 시에 음악 수업을 받으러 나가.'

답이 손에 잡힐 듯했어. 이제 셜록에게 필요한 것은 동기뿐이었지. 이제 거의 감을 잡은 것 같았어.

"승리가 눈앞에 보인다."

야옹! 셜록은 깜짝 놀라서 고개를 들었어. 가족의 반려 고양이 진저가 방으로 뛰어들어 왔어. 진저는 능숙하게 책상 위로 올라가 진열된 물건으로 돌진해서 실을 마구 쓸어내렸어.

"진저, 안 돼! 저리 가, 당장!"

셜록은 화가 나서 소리쳤어. 진저는 셜록의 손길을 피해 책상에서 뛰어내려 셜록 형의 방으로 향했지만 이미 일은 벌어진 뒤였어. 문서는 방바닥에 나뒹굴었고 셜록이 조심스럽게 배치한 줄은 엉망이 돼 버렸지.

"으악! 또 미스터리를 못 풀게 됐잖아!"

셜록은 좌절감에 두 손을 치켜들며 소리를 질렀어.

문 두드리는 소리가 났어. 엄마가 방 안을 살짝 들여다봤지.

"아들, 거기서 뭐 하니?"

"아무것도 아니에요, 엄마."

셜록은 어질러진 광경을 보이지 않으려 애썼지만, 너무 늦어 버렸지. "아무것도 아니긴……"이라고 말하며 방 안으로 들어서는 엄마의 눈이 휘둥그레졌지.

"맙소사, 셜록! 도대체 이게 다 뭐니?"

엄마 뒤로 형이 나타났어. 난장판을 본 형은 웃음을 터뜨렸지. 셜록은 생각했어.

'아, 엄마와 형이 협공하겠구나.'

"셜록 솔버, 당장 대답해!"

엄마가 손가락으로 셜록의 책상을 시끄럽게 두드리자 정신이 번쩍 든 셜록이 짜증을 내며 말했지.

"엄마, 그냥 미스터리를 푸는 중이었어요! 이건 정말 큰 사건이란 말이에요! 거의 풀 뻔했는데 진저가 나타나는 바람에……"

셜록이 고개를 저으며 한숨을 쉬자 켄이 씩 웃으며 물었어.

"동생아, 그 미스터리가 뭐였는데? 또 아무도 신경 쓰지 않는 따분한 사건이니?"

셜록이 눈을 치켜뜨고 쏘아붙였어.

"내가 그걸 형한테 왜 말해? 형이 도울 수 있는 일도 아닌데. 형은 아이큐가 초파리 수준이잖아!"

켄이 셜록의 멱살을 잡으려고 달려들었지만 엄마가 말렸어.

"안 돼! 넌 어떻게 하루도 안 싸우는 날이 없니!"

켄이 사나운 눈초리로 쏘아봤어. 셜록은 생각했지.

'흥, 고소하다.'

"잠깐, 이건…… 우리 이웃인 뮤지커 씨 사진이잖아?"

엄마의 말에 셜록은 바닥이 꺼질 듯 한숨을 쉬며 말했어.

"아무도 기억하지 못하겠지만 닷새 전 오후 네 시 삼 분쯤, 뒷마당에서 우리 가족의 야구공이 사라졌어요. 경제적 가치가 대단하진 않지만 그 야구공은 우리에게 의미가 커요. 공을 가져간 사람이 우리에게 심각한 원한을 품고 있다는 뜻이죠."

엄마와 켄은 놀라서 서로를 바라본 뒤 셜록을 쳐다봤어.

"자, 지난 72시간 동안 저는 관련 증거를 모두 수집했고 뮤지커 가족의 짓이라고 믿을 만한 근거를 확보했습니다. 아직 동기는 밝히지 못했지만, 시간이 지나면……."

셜록의 내레이션을 켄이 중단시켰어. 켄이 옆구리를 잡고 웃으며 바닥에 쓰러졌지.

"뮤지커… 가족의… 짓이라고?"

켄이 가쁜 숨을 몰아쉬며 물었어.

"야, 진저야! 진저가 공을 가져갔어! 아래층에 진저의 다른 장난감과 함께 있다고!"

'뭐라고? 그럴 리가…….'

셜록은 엄마를 밀치고 부엌으로 달려갔어. 진저의 물그릇 뒤에 다른 장난감들과 함께 둥지를 틀고 있는 것은… 야구공이었어. 공의 옆면에 '솔버'라는 글자가 새겨진 게 보였어. 바닥을 바라보던 셜록은 얼굴이 화끈거렸어. 그리고 깨달았지.

'나는 사흘 동안 존재하지도 않는 미스터리를 풀었구나.'

셜록은 누군가 어깨에 손을 올리는 것을 느꼈어. 엄마였지. 엄마는 부드럽게 웃으며 셜록의 뺨에 뽀뽀를 했어(셜록은 최선을 다해 빠져나가려 했지). 엄마가 다정하게 말했어.

"아들, 애썼어. 언젠가 넌 획기적인 미스터리를 찾아낼 거야. 시간문제일 뿐이지!"

셜록은 말없이 고개를 끄덕였어. 여전히 충격(과 굴욕감)에서 헤어나지 못한 상태였지. 엄마가 물었어.

"어떻게 하면 기분이 좋아질지 알지?"

셜록은 고개를 저었어. 엄마가 환한 얼굴로 말했어.

"점심 먹자! 엄마가 콩나물국을 끓였어!"

셜록은 얼굴을 찌푸렸어.

"콩? 으으… 엄마, 난 그런 거 싫어하는 거 알잖아요!"

"자! 한번 먹어 봐. 한국의 가정식 요리법으로 만든 거야."

엄마가 국그릇을 셜록 앞에 내밀자 셜록이 투덜대며 말했어.

"알았어요."

셜록이 마지못해 국그릇에 숟가락을 담그는 동안, 엄마는 휴대 전화를 집어 들고 소파에 앉았어. 그런데 잠시 후 엄마가 꺅 소리를 질렀어.

"셜록! 내가 방금 소셜그램에서 뭘 봤는지 맞혀 볼래?"

엄마는 너무 흥분해서 펄쩍펄쩍 뛰었어. 셜록이 무뚝뚝한 목소리로 물었어.

"뭔데요?"

엄마가 화난 척하며 셜록을 찰싹 때렸지.

"나중에 알려 달라고 조르지나 마!"

엄마는 목소리를 낮추며 식탁 너머로 속삭였어.

"더스틴 디버가 가장 좋아하는 음식이 콩나물국이래! 넌 신의 음식을 먹고 있는 거야!"

셜록은 얼굴을 찡그렸어. 엄마가 가장 좋아하는 가수이자 영원한 짝사랑인 유명인이 더스틴 디버였어. 더스틴이 뭘 하든 엄마는 그걸 따라 했지. 그해 초, 엄마가 〈더스틴이 가장 좋아하는 취미〉라는 글을 읽은 뒤에는, 온 가족이 염소 요가 수업을 들어야 했어. 셜록은 속으로 생각했지.

'그 녀석은 자기가 사람들 삶을 망치고 있다는 걸 모르겠지.'

셜록은 시큰둥하게 말했어.

"와, 엄마, 그것참…… 정말 멋지네요."

엄마는 셜록의 말투를 알아차리지 못했어.

"그렇지! diebergossip.com에서 봤어! 당장 내 소셜그램 페이지에 공유해야겠다."

엄마가 휴대 전화를 바쁘게 만지작거리는 동안 셜록은 콩나물국을 내려다봤어.

'오늘은 완전히 망했다.'

다음 날, 셜록은 야구공 사건 때문에 여전히 기분이 좋지 않았어. 집 안을 어슬렁거리다가 결국 거실 소파에 앉아 멍하니 TV 채널을 돌렸지. 셜록은 야구공 사건이 유난히 지루한 여름의 탈출구가 되길 바랐지만, 탈출구는커녕 자신을 바보로 만들었어. 그것도 형 앞에서 말이야! 화가 치민 셜록은 생각했어.

'난 그 순간을 평생 잊지 못할 거야.'

원래 여름은 셜록이 가장 좋아하는 계절이었어. 학교에 안 가고, 숙제도 없이, 그냥 잠을 자고, 비디오 게임을 하고, 제일 친한 친구인 아이제아 아임알러직과 마티 튜바와 어울리는 시간이었어. 그런데 이번 여름은 그렇게 흘러가지 않았어. 마티는 여름 내내 밴드 캠프가 열리는 시카고에 머물렀고, 아이제아는 그해 초 부모님이 이혼하신 뒤로 햄튼스에서 아빠와 함께 지내고 있었어. 그래서 셜록에게 남은 건, 가족뿐이었지. 지금까지 있었던 일은, 켄이 허락 없이 비디오 게임을 '빌려' 가고, 엄마가 더스틴 디버가 가장 좋아한다는 음식을 억지로 먹이고, 아빠가 "이제 그 미스터리 추리는 완전히 접어라. 셜록, 넌 열세 살이야. 정신 차릴 때도 됐잖니"라고 말한 것뿐이었어. 아빠는 정작 셜록이 뭘 해야 하는지는 전혀 얘기하지 않으셨지.

'아빠가 틀렸다는 걸 증명할 수 있으면 좋을 텐데.'

셜록이 원한 건, 새 학기가 시작하기 전에 큰 사건을 해결하는 것이었어. 지역 경찰이 화려한 행사장에서 셜록에게 '명예 청소년 탐정' 배지를 수여하는 동안 아빠는 흐뭇하게 미소 짓고, 엄마는 소셜그램에 생중계하고, 켄도 "꽤 멋진데"라며 셜록을 인정하는 거야. 셜록은 마치 그 광경이 보이는 듯했지.

'그런 다음 학기가 시작하면 학교의 모든 사람이 나를 사랑

하게 될 거야. 자라 드림걸까지도 말이야.'

이런 상상을 하며 셜록은 얼빠진 사람처럼 웃었어.

윙 하고 셜록의 휴대 전화가 몽상을 방해했어. 짜증이 난 셜록은 휴대 전화를 집어 들며 생각했지.

'이 우주는 내가 5초 이상 행복해하는 꼴을 못 본다니까……'

아이제아가 보낸 문자였어!

> 야! 나 아빠 집에서 방금 돌아왔어. 같이 놀래?

'아이제아가 돌아왔구나! 어쩌면 이번 여름을 되살릴 수 있을지도 모르겠는걸!'

셜록은 얼른 답장을 보냈지.

> 그래, 우리 집에서?

잠시 뒤, 아이제아가 답장을 보내왔어.

마침내 셜록의 불행에 끝이 보였어.

"셜록!"

엄마가 부르는 소리가 들렸어. 셜록은 속으로 신음했지. 엄마가 거실로 들어서며 말했어.

"점심을 준비하려고 하는데, 김치를 먹어 볼래? 아니면 치킨 파마산? 둘 다 더스틴 디버가 아주 좋아하는 음식이야!"

엄마가 환하게 웃었어. 셜록은 한숨이 나왔지만, 곧 아이제아를 떠올렸어.

"엄마, 사실 아이제아가 오고 있는데요……. 걔는 밀가루에 민감한 것 같아요. 막 심각하거나 뭐 그런 건 아니지만, 제가 알기로는 특정한 음식을 피하려고 하거든요. 그러니까 밀가루가 안 들어가는 건 없을까요?"

"아, 그렇구나. 어디 보자, 여기……."

엄마는 휴대 전화를 들었어.

"내가 요리할 때마다 이용하는 훌륭한 블로그가 있거든. 롱 박사의 음식 백과사전이야! 온갖 종류의 요리에 대한 게시물이 5천 개 넘게 있어. 롱 박사님은 사실상 전문가야."

엄마는 휴대 전화를 미친 듯이 스크롤 했어.

"어디 보자, 여기… C, C, C, 여기 있다. 치킨 파마산! 알레르기 유발 물질 밀가루 무첨가. 롱 박사님은 절대 틀리는 법이 없어! 그럼 치킨 파마산을 해야겠다. 좋지, 셜록?"

셜록은 놀라서 움찔했어. 사실 엄마가 휴대 전화에 손을 뻗은 순간부터 엄마 말을 듣지 않고 있었거든.

'덕질 얘기는 더스틴 디버 하나면 충분해요!'

그렇지만 겉으로는 멍하니 고개를 끄덕이며 말했어.

"좋아요, 엄마."

엄마는 손뼉을 치며 부엌으로 들어갔지. 셜록은 생각했어.

'엄마가 점심으로 뭘 만들든 상관없어. 아이제아가 돌아왔으니까!'

아이제아가 도착하자마자 두 친구는 즉시 셜록의 게임방으로 향했어. 얼마 지나지 않아 셜록이 최근에 구입한 새로운 게임 미스터리 맨션 2.0을 플레이하며, 아이제아가 가져온 브라우니를 먹었어. 밀가루가 안 들어간 이 브라우니는 두 사람이 가장 좋아하는 간식이었지. 아이제아는 셜록에게 햄튼스에 대해 시시콜콜 말했어.

"재미있었지만, 집이 정말 그리웠어. 그리고 아빠는 요리를 너무 못해."

셜록은 대실패로 끝난 솔버 가족 야구공 미스터리에 대해 전부 말했지.

"나는 빨리 어떤 사건을 해결해야 해. 그렇지 않으면, 아빠는 절대 내가 미스터리 추리를 하도록 내버려두지 않을 거야. 그러면 난 완전히 시시한 일을 하게 되겠지."

아이제아가 물었어.

"예를 들면?"

셜록은 곰곰이 생각했지.

"예를 들면 회계사 같은 일."

셜록은 그렇게 말하며 소름이 끼쳐서 눈을 크게 떴어. 아이제아가 고개를 저으며 물었어.

"회계사는 무슨 일을 하는 걸까?"

"몰라, 알고 싶지도 않아. 네 말이 맞아. 우리는 이 사태를 최대한 빨리 해결해야 해."

한숨 쉬는 셜록의 등을 토닥여 주며 아이제아가 말했어.

"걱정하지 마, 친구야. 우리는 방법을 알아낼 테니까! 내가 사건을 찾는 걸 도와줄게. 탐정의 조수가 되어서 말이지."

셜록은 얼굴이 환해졌어.

'탐정이 돌아왔다. 아이제아가 도와주면 사건을 찾아낼 수 있을 것이고 그러면 영광은 내 것이 될 거야.'

"얘들아! 점심이 준비됐다! 와서 먹어!"

엄마가 부르자 아이제아는 게임기를 내려놨어.

"좋아! 난 아빠가 만들지 않은 거라면 뭐든지 먹을 수 있어."

둘은 잽싸게 계단을 내려가서 부엌으로 향했어.

셜록은 얼른 식탁에 자리를 잡고 치킨 파마산을 접시에 푸짐하게 옮겨 담았어. 배 속에서 천둥소리가 났지. 실패로 끝난 미스터리에 정신이 팔려서 배가 고픈지도 잊고 있었거든! 정신없이 먹고 있는데 문득 아이제아가 여전히 문 앞에 서서 식탁을 바라보는 모습이 눈에 들어왔어.

"어…… 왜 그래?"

아이제아가 머뭇거리며 말했어.

"근데 셜록, 난 못 먹을 거 같아. 치킨 파마산에는 밀가루가 들어가잖아?"

셜록이 엄마를 바라보자 엄마가 유쾌하게 말했어.

"내가 사용한 요리법은 밀가루가 들어가지 않은 거야!"

아이제아는 안심하는 표정을 지었어. 엄마가 말했지.

"명성이 자자한 웹사이트에서 찾아낸 요리법이야. 롱 박사님은 절대 틀리는 법이 없으니 안심해. 롱 박사님은 팬도 아주 많단다. 틀릴 리가 없어! 그래도 다시 한번 확인해 볼게."

엄마가 그렇게 말하며 휴대 전화를 들었어.

"그래, 바로 여기 있네. 밀가루 무첨가. 물론, 네가 원한다면 기꺼이 다른 음식을 만들어 줄게.”

아이제아는 고개를 저었어.

“그러면 맛있게 먹을게요! 감사합니다!”

아이제아는 접시를 들고 먹기 시작했어. 엄마가 식탁에 앉으며 말했지.

“있잖아, 셜록. 내가 생각해 봤는데, 작은 미스터리를 푸는 일에 네 도움이 필요할 것 같아.”

'사건인가? 이렇게 쉽게 구할 줄은 몰랐네!'

셜록은 신이 나서 아이제아를 쳐다봤지만, 아이제아는 전혀 주의를 기울이지 않는 것 같았어. 결국 눈이 마주쳤지만, 아이제아가 인상을 찌푸려서 이상하다는 생각이 들었지. 셜록은 엄마 쪽으로 고개를 돌리고 물었어.

“무슨 사건인데요?”

엄마가 한숨을 크게 내쉬더니 기도하듯 두 손을 꼭 쥐며 외쳤어.

“안타깝게도, 더스틴 디버가 실종된 것 같아. 48시간 동안 소셜그램에서 그를 본 사람이 아무도 없어!”

“으, 엄마…… 나는 더스틴 디버 같은 사람을 찾는 탐정이 아니에요.”

“왜 안 돼? 그 사람은 보물이야!”

엄마는 화가 난 것 같았어.

'빠져나갈 방법을 생각해 보자.'

셜록은 생각했지.

"음, 탐정마다 전문 분야가 다르잖아요. 그리고 제 분야는 사람이 아니에요. 더스틴 같은 사람은 더더욱 아니죠. 그러니까 제가 도와드릴 수 없어요. 그렇지, 아이제아?"

셜록은 친구에게 지원을 요청했어.

"잠깐, 아이제아?"

아이제아는 얼굴이 온통 빨개져서 얼룩덜룩했고, 두드러기가 난 것 같았어. 팔을 긁으며 말을 꺼내는데 목소리가 쉬어 있었지.

"제 생각엔, 치킨 파마산에… 밀가루가 들어간 것 같아요."

아이제아는 기침이 나와서 말이 자꾸 끊겼지. 셜록의 엄마는 즉시 약장으로 달려갔고, 항 알레르기 시럽을 따랐어. 그걸 마시자 아이제아는 조금 나아지는 것처럼 보였지만 여전히 몸을 벅벅 긁어 댔어. 그런 모습을 보면서 셜록은 친구가 몹시 안쓰러웠지. 다른 한편으로 아주 약간 흥분도 됐어. 물론 아이제아가 이런 식으로 셜록을 도우려고 한 건 아니었지만, 그럼에도 이제 셜록에게는 해결해야 할 새로운 미스터리가 생겼어. 누가 치킨 파마산에 밀가루를 넣었을까? 셜록은 추리했어.

'요리법은 밀가루가 들어가지 않는 것이었어. 그렇다면 외부 자가 넣은 게 틀림없어. 어쩌면 밴드 캠프의 적일지도, 아니면 켄이 장난을 친 건지도 몰라!'

셜록은 무슨 일이 있어도 이 일의 진상을 규명하겠다고 결심 했어. 셜록의 엄마는 넋이 나가서 말을 더듬었지.

"난… 난… 어떻게 된 일인지 모르겠어! 어쨌든 지금 그게 중 요한 게 아니지. 아이제아, 몸은 좀 어떻니?"

아이제아는 낯빛이 어두웠어.

"솔직히, 좋지는 않아요. 저번에 이런 일이 있었을 때는 엄마 가 병원에 데리고 갔어요."

그 말을 들은 셜록의 엄마도 낯빛이 어두워졌어.

"그렇다면 병원에 가 봐야겠구나. 셜록, 가서 자동차 열쇠를 가져와! 난 아이제아 엄마한테 무슨 일이 일어났는지 알려 주 고 병원에서 만나자고 해야겠다."

"알았어요, 엄마."

그리고 생각했지.

'내 방에도 잠깐 들러야지. 의사가 말하는 걸 모조리 기록하 려면 공책이 필요해. 셜록 솔버가 다시 사건을 맡았다!'

"입을 벌려 보세요."

의사인 트루스텔러 박사님이 지시했어. 박사님은 아이제아의
목구멍을 살펴보며 생각에 잠겼지.

"음…… 그렇게 심하지는 않지만 이번 주 동안은 약을 잘 챙
겨 먹어야겠어요."

박사님의 처방을 뒷받침이라도 하려는 듯이, 잠시 후 아이제
아가 기침을 하기 시작했어. 셜록의 엄마는 걱정스러운 얼굴로
아이제아의 등을 두드려 줬지. 셜록은 공책을 보던 시선을 들
어 올렸어.

"트루스텔러 박사님, 제가 한마디 해도 될까요?"

셜록이 일어서며 질문했어. 트루스텔러 박사님은 안경 너머
로 셜록을 바라보며 흥미로운 표정을 지었어.

"네, 해 보세요. 셜록 군."

'자, 시작하자.'

셜록이 목청을 가다듬었어.

"증거를 감안하면, 경찰에 신고해야 한다고 믿을 만한 근거가
있습니다."

트루스텔러 박사님은 눈이 휘둥그레졌지.

"박사님의 판단에 따르면, 아이제아의 알레르기 반응이 치킨 파마산 때문인 것은 분명합니다. 하지만 우리는 해당 음식에 밀가루가 들어가지 않는다는 사실을 알고 있지요. 그렇다면 분명히 악의적인 외부자가 치킨 파마산에 밀가루 성분을 주입했을 것입니다."

트루스텔러 박사님이 일어나서 셜록을 제지하려 했지만, 셜록은 아랑곳하지 않고 말을 이어 갔어.

"잠깐만요, 아직 안 끝났습니다. 박사님이 무슨 생각을 하시는지 압니다. 누가 이런 짓을 할 수 있냐는 것이겠죠? 정확히 누가 부엌에 들어갈 수 있었는지는 아직 밝혀내지 못했지만, 현재 유력한 용의자는 저의 형 켄 솔버입니다. 제 형은 여태까지 성장해 온 과정을 봤을 때 다른 일은 하지 않고 오로지 장난만 치는 장난꾸러기입니다."

'내 친구들을 건드리면 안 된다는 걸 가르쳐 주겠어. 이번엔 해도 너무 했다고!'

"셜록 솔버!"

엄마는 화가 나서 벌떡 일어섰어.

"네가 지금 무슨 짓을 하는지 알기나 하는 거니?"

"어머님, 제게 맡기시죠."

트루스텔러 박사님이 셜록을 돌아보고 웃으며 말했어.

"셜록, 훌륭한 추리네요. 아주 인상적이에요. 하지만 유감스럽게도 저는 켄에게 책임이 있다고 확신하지는 못하겠어요. 사실, 대부분의 치킨 파마산 요리에는 밀가루를 사용합니다."

박사님은 셜록의 엄마를 힐끗 쳐다봤어.

"어머님, 어떤 요리법을 보셨는지는 모르겠지만 다시는 그 출처를 참고하지 않는 게 좋을 것 같습니다."

"트루스텔러 박사님, 그 웹사이트는 명성이 자자하다고요!"

셜록의 엄마가 성이 나서 소리치며 휴대 전화를 확인했지.

"롱 박사의 음식 백과사전은 소셜그램에서만 팔로워가 천만 명이 넘어요. 게다가 얼마나 잘생겼는데요. 한번 보시겠어요?"

엄마는 허리에 손을 얹고 트루스텔러 박사님을 쳐다봤어.

"롱 박사님이 구독자에게 거짓말을 했다는 말씀이세요? 전 믿기 힘든데요."

"어머님, 전혀 그렇지 않습니다."

트루스텔러 박사님이 돌려 말했어.

"저도 롱 박사에 대해 들은 적 있고, 그분이 매우 인기가 있으며 심지어 잘생겼다는 것도 알지만, 실제로 박사가 아니라는 것도 압니다. 그분은 자신의 신뢰도를 높이기 위해 박사라는 호칭을 사용하고, 그래서 사람들은 그의 웹사이트에 더 자주 방문하게 되죠."

셜록은 충격을 받았어. 여태껏 한 가지 미스터리에 빠져 있었
는데 눈앞에 또 다른 미스터리가 있었다니! 트루스텔러 박사님
이 말을 이어 갔어.

"악의적으로 그랬다는 말은 아닙니다. 그분이 실수로 해당 요
리법에 '밀가루 무첨가'라고 잘못 표기했을 가능성이 아주 크
죠. 어쨌든, 더 나은 사이트를 이용하면 이런 오류를 접할 가능
성이 훨씬 작아집니다. 저는 food.gov를 적극 추천합니다."

셜록의 엄마는 어안이 벙벙해져서 슬프게 말했어.

"안 믿겨요. 그분을 정말 믿었는데, 제 생각이 틀렸네요."

셜록도 믿기지 않았어.

'난 항상 엄마가 하는 말은 다 믿는데······.'

셜록은 갑자기 세상이 훨씬 불확실한 곳으로 느껴졌어. 트루
스텔러 박사님이 엄마를 가볍게 토닥여 줬어.

"누구에게나 일어날 수 있는 일입니다! 자, 아시겠지만 앞으
로가 중요해요."

박사님이 나가자 아이제아의 엄마가 뛰어들어 와서 아이제아
를 껴안았지.

"아이고, 아이제아! 괜찮아?"

"엄마, 이거 놔요."

두 엄마는 고개를 저으며 수다를 떨기 시작했어. 셜록의 엄마

가 말했지.

"헬렌, 미안해요. 정말 몰랐어요!"

셜록은 아이제아가 앉아 있는 곳으로 걸어가서 말했어.

"정말 미안해, 친구야."

셜록은 가상의 미스터리에 사로잡혀서 가장 친한 친구가 겪은 시련을 잊고 있었어. 그래서 기분이 영 좋지 않았지.

"얼른 낫길 바랄게. 그리고 나아지면 문자를 보내. 미스터리 맨션의 다음 단계를 깨야지!"

아이제아가 미소를 지었어.

"당연하지, 친구. 그리고…… 정말로 이건 누구의 잘못도 아니야. 게다가, 틀림없이 이따 엄마가 나한테 말하겠지만 내가 더 잘 알아봤어야 했어."

잠시 뒤 아이제아는 엄마와 함께 떠났고 셜록과 엄마는 말없이 집으로 향했어.

자기 방으로 돌아온 셜록은 안절부절못하며 서성댔어. 여전히 오후에 알게 된 뜻밖의 사실과, "내가 더 잘 알아봤어야 했어"라는 아이제아의 말이 머릿속을 떠나지 않았지.

'아이제아의 말이 맞아.'

셜록은 미스터리를 풀 때 일반적으로 자신이 알고 있는 사실이 옳다고 가정했어. 그런 사실들은 대체로 어른들에게서 나왔고, 어른들은 언제나 옳았으니까.

'그런데 어른들이 언제나 옳은 건 아니라면? 그렇다면 어른들이야말로 가장 큰 함정이야. 인터넷이 엄마를 속일 수 있다면, 분명히 나를 속일 수도 있어.'

셜록은 이 깨달음을 잊어버리지 않으려고, 공책을 들고 얼른 다음과 같은 항목을 휘갈겼어.

"7월 25일 : 오늘의 교훈—거짓말을 조심하라!"

그날 저녁, 셜록은 가족과 함께 저녁 식탁에 앉았어.

'어, 아까 남긴 치킨 파마산이잖아. 아이러니하네.'

식탁 건너편에는 수다쟁이 엄마가 평소와 달리 말없이 앉아 있었어. 셜록은 엄마가 오후의 사건 때문에 여전히 심기가 불편하다는 걸 알 수 있었지. 셜록은 엄마가 딱하게 느껴졌어.

'우리는 모두 롱 박사의 웹사이트에 속았어.'

셜록은 엄마의 기분을 띄워 줄 방법을 알았지만, 그걸 사용하면 후회하리라는 것도 알았어.

'으…… 그래도 한번 해 보자.'

셜록이 물었어.

"엄마, 그래서…… 더스틴 디버에 대해 들은 게 있어요? 사람들이 결국 찾아냈대요?"

아빠와 켄은 놀란 얼굴로 셜록을 쳐다봤지. 켄은 셜록을 쏘아봤는데, 마치 '그 녀석 얘기는 왜 꺼내는 거야?' 하고 말하는 것 같았어.

셜록의 엄마는 한숨을 내쉬었어.

"아니…… 내 소셜그램 정보통에 따르면, 당국이 그를 찾으려 노력하고 있지만 흔적을 찾을 수 없대."

'잘하는 짓이다. 역효과가 제대로 났잖아.'

어쨌든 셜록은 탐정으로서 호기심이 발동했어.

'이 미스터리를 해결해야겠지? 그래, 이건 더스틴 디버에 관한 것이지만, 그를 봤다는 사람이 없는 것으로 볼 때……'

셜록은 저녁 식사 시간 내내 엄마에게 그 사건에 대해 질문하며 공책에 꼼꼼하게 메모를 했어. (두 사람 옆에서는 아빠와 켄이 눈을 부릅뜨고 있었지. '어쩌라고.')

방으로 돌아온 셜록은 '탐정 서랍'이라고 이름 붙인 곳을 뒤져서 뭔가를 찾아냈어.

'여기 있다. 내 실뭉치!'

셜록은 사라진 야구공을 조사했을 때처럼 책상 위에 사건을 조심스럽게 정리한 뒤 메모를 다시 확인했지.

'혹시라도 내가 놓친 게 있을까?'

그날 저녁 일찌감치 작성한 목록이 눈이 들어왔어.

"7월 25일 : 오늘의 교훈─거짓말을 조심하라!"

셜록의 눈이 커졌어.

'가만, 설마……?'

셜록은 노트북으로 달려가 재빨리 검색어를 입력했어.

'더스틴 디버 실종.'

결과 목록이 떴어. 더스틴에 대한 애정을 나타내는 모든 소셜그램 페이지도 나왔지. '빨리 돌아와 줘, 친구야' 같은 글이나, #더스틴을위해기도해요 #우리는더스틴을사랑합니다 같은 해시태그도 보였어.

'흠…… 실종된 거 같긴 한데.'

하지만 그날 오후에 많은 일을 경험한 뒤라 셜록은 뭔가 이상하다는 느낌을 떨칠 수 없었어. 그래서 다른 검색어를 입력했어. '더스틴 디버 실종 거짓말' 첫 번째 기사는 국가 수사 재단(www.findpeople.org)에서 작성한 것이었는데, 제목이 〈더스틴 디버는 실종되지 않았다! 소셜그램을 집어삼킨 거짓말에 대한 심층 취재〉였어. 셜록은 "빙고!"라고 중얼거리며 해당 페이지를 클릭했어. 그리고 다음과 같은 글을 읽기 시작했지.

(캘리포니아주 로스앤젤레스) 며칠 전, 세계적으로 유명한 음악가이자 배우인 더스틴 디버가 실종됐다고 보도됐다. 이 소식을 전한 곳은 소셜 미디어 플랫폼인 소셜그램의 인기 더스틴 디버 팬 페이지인 @DustinDieberFans이다. 해당 게시물은 몇 시간 만에 입소문이 났고, 수백만 명의 팬이 #더스틴의비운이라는 해시태그에 동참했다. 사실 첫 게시물은 장난으로 올린 것이었다. 계정 소유자가 정정 글을 올렸지만 이미 너무 늦은 상태였다. 허위 메시지가 인터넷으로 퍼졌고, 일부 팬은 수색대를 조직하거나 촛불 집회를 열었다. 안타깝게도 이 거짓말이 퍼진 시기는 더스틴이 로스앤젤레스에 있는 자택에서 머무르기로 결정한 시기와 일치했으며, 더스틴은 친척이 세상을 떠난 뒤 현재 자택에서 가족과 함께 시간을 보내고 있다.

셜록은 자기도 모르게 웃음이 나왔어.
'더스틴은 실종되지 않았잖아. 전부 거짓말이었어!'
더스틴은 공책에 있는 항목을 내려다봤어. 그 조언은 유용했지. 그리고 그 덕에 자신의 첫 번째 미스터리를 방금 해결했어! 셜록은 즉시 기사를 인쇄해서 아래층으로 달려갔어.

엄마는 거실에서 가장 좋아하는 영화인 〈더스틴 디버 : 더 다큐멘터리〉를 보며 눈물을 흘리고 있었어. 옆에서 아빠가 엄마를 위로하고 있었지.

"그래, 여보. 하지만 사실 그 사람들은 아직 아무것도 몰라. 일단은 그냥 지켜보자고."

아빠는 셜록을 보자 얼굴을 찡그렸어. 마치 '고맙다. 이게 다 네 덕이야' 하고 말하는 듯했지.

'이걸 보면 생각이 달라지실걸요.'

그리고 깊이 심호흡한 뒤, 발표했지.

"여러분! 제가 더스틴 디버 사건을 해결했습니다."

부모님이 깜짝 놀라서 고개를 들었어. 켄은 낄낄거리며 부엌에서 고개를 내밀었지.

"또 시작이네. 기대가 된다. 이번엔 뭔데? 이웃이 더스틴을 싫어해서 납치했냐?"

셜록의 아빠가 한숨을 푹 내쉬었어.

"셜록, 지금은 그럴 때가 아닌 것 같구나."

"더스틴은 실종되지 않았어요!"

원래는 분위기를 한껏 끌어올린 뒤에 본론으로 들어갈 계획이었지만, 훌륭한 탐정이 으레 그렇듯 셜록도 분위기를 파악하는 법과 절호의 기회를 놓치지 않는 법을 알았지.

"뭐라고?"

엄마가 어안이 벙벙한 표정으로 물었어. 셜록은 엄마에게 기사를 건네며 자신이 발견한 내용에 대해 말하기 시작했어. 그리고 이렇게 결론을 내렸지.

"엄마, 그래서 아무도 그를 발견하지 못한 거예요! 실종되어서가 아니라 가족과 함께 집에 있었기 때문이라고요"

가족이 셜록을 빤히 쳐다봤어.

'이건 보통 뭔가 잘못됐을 때 나오는 상황인데.'

그래서 켄이 비웃는 소리나 아빠가 고개를 젓는 모습을 기다렸어. 그런데 잠시 뒤, 엄마가 셜록을 꽉 껴안았어.

"우리 천재 꼬마 탐정!"

엄마가 눈물을 흘리며 말했어.

"여보, 봤지? 셜록이 알아냈어!"

엄마가 아빠한테 말했어. 아빠가 고개를 끄덕이며 셜록의 등을 두드려 줬어. 그러고는 슬쩍 눈짓을 보내며 속삭였지.

"아들, 엄마 때문에 고생했다."

셜록이 웃었어. 심지어 켄도 하이 파이브를 청했지.

"잘했어. 이제 다음 주에는 엄마가 그 얘기하는 거 안 들어도 되겠네."

엄마가 뒤에서 켄을 찰싹 때렸어.

"엄마, 제가 조언 하나 해 드릴까요?"

셜록이 엄마한테 말했어.

"온라인에서 읽은 걸 그대로 믿지 마세요. 그리고 소셜그램에 뭔가를 공유하려면, 일단 사실인지 확인해야 해요. 특히 diebergossip.com에서 본 거라면요."

옆에서 아빠와 켄이 깔깔거렸어. 엄마는 얼굴을 붉혔지만 결국 고개를 끄덕였어.

"알았어, 알았다고. 셜록, 네 말이 맞아. 고마워."

셜록이 맞았어! 셜록은 의기양양하게 생각했어.

'미스터리를 이보다 더 완벽하게 풀기는 힘들걸.'

사건 종결.

도전! 디지털 챌린지

3장을 마친 걸 축하해! 디지털 탐정이 되는 길을 잘 가고 있네.

콩나물국, (위험 요소가 있는) 치킨 파마산, 그리고 의사 선생님의 진찰이 펼쳐진 셜록의 이야기는 특별히 온라인에서 허위 정보, 즉 거짓 정보를 주의하는 게 왜 그렇게 중요한지를 잘 보여 줘. 너희도 아이제아처럼 알레르기가 하나쯤 있을 것이고, 오염된 음식을 한입 베어 물면 정말 짜증 난다는 걸 알고 있을 거야.

셜록이 알게 된 것처럼, 팔로워 수가 많거나 미소가 멋지다고 해서 정보의 출처를 신뢰할 수 있는 건 아니야. 롱 박사의 음식 백과사전은 셜록의 엄마까지 속을 정도로 사람들을 교묘하게 속였어! 여기서 얻을 수 있는 교훈은 다음과 같아.

누구나 온라인에서 거짓 정보의 피해자가 될 수 있으니, 당하지 않게 조심하라.

셜록은 앞서 설명한 디지털 탐정 비법을 사용해서 더스틴 디버 사건을 해결할 수 있었어. 그 비법은 바로 신뢰할 수 있고, 편견이 없는, 최신 정보의 출처를 찾는 거야. 소셜그램의 더스틴 디버 팬 페이지는 그런 곳이 아니라고 자신 있게 말할 수 있지!

셜록의 이야기를 다 읽었으니, 이제 너희가 사건을 맡을 차례야! 인터넷에서 떠도는 정보 출처가 믿을 만한 곳인지 아닌지 알아내는 연습을 해 봐.

먼저, 친구나 가족이 최근에 공유한 기사나 사진, 영상을 찾아. 그런 다음 디지털 탐정 비법을 활용해서 정보의 출처가 평판이 좋은지 또 내용은 신뢰할 만한지 알아내. 그리고 비법을 참고해서 네 추론을 뒷받침해 봐. 마지막으로, 결과를 친구나 가족과 공유해 봐!

온라인과 오프라인에서 자기가 하는
말을 의식하는 일은 정말 중요해.
글을 올리기 전에 잠시 멈춰서,
한 번만 다시 생각해 봐.

좋은 기분을 전하기!
어떤 일이 있어도, 우리는
항상 친절할 수 있어.

우리는 이 세상과 소셜 미디어에 있는
모든 부정적인 것보다 나은 사람이니까.

4장
정말 이 글을 올리겠습니까?

가끔 누가 인터넷을 발명했는지 궁금하지 않니? 이 질문에 대한 답은 아주 길지만(꽤 멋진 사람들이 관여했다는 것만 알아 둬!) 꼭 알아야 할 점은 인터넷을 만든 건 여러 사람, 즉 너와 나 같은 사람이라는 거야. 하지만 인터넷이 처음 발명됐을 때 그런 사람들은 10년, 20년, 또는 500년 후에 사람들이 인터넷을 어떻게 사용할지 알지 못했어. 그들은 점쟁이가 아니었으니까! 시간이 지남에 따라 상황이 달라졌어. 점점 더 많은 사람이 온라인에 접속했고, 소셜 미디어가 탄생했으며, 인터넷은 우리 삶에서 굉장히 중요한 부분을 차지하게 됐어. 불행하게도 인터넷의 구조는 그런 상황에 발맞춰 변하지 않아서 인터넷은 우리의 새로운 세상에 제대로 들어맞지 않게 되어 버렸지. 그 결과는? 요즘에는 우리가 온라인에서 하는 말이나 행동이 별거 아닌 것처럼 느껴질 때가 있지. 어쨌거나 인터넷에는 아주 많은 게시물들이 있어. 네 게시물이 입소문을 탈 확률이 얼마나 될까? 그리고 네가 올린 게시물은 영구불변하는 게 아니야. 네가 마음을 바꾸면 메시지를 삭제할 수 있다고 생각하겠지만, 불행하게도 그렇지 않아. 누구나 정보를 스크린샷으로 저장하고 빛의 속도로 공유할 수 있는 세상에서는 전송 버튼을 누르기 전에 다시 한 번 더 생각하는 것이 그 어느 때보다 중요해. 그러니까 다음에 뭔가를 게시하려고 할 때는 잠시만 멈춰서 다시 한번 생각해 봐. 정말 그 게시물을 올릴 거야? 그저 몇 초만 더 생각하면 인터넷에 휘둘리지 않을 수 있어.

"여러분, 여기 뉴욕시는 현재 오후 여덟 시입니다. 투표가 끝났습니다! 몇 분 뒤에 결과가 나옵니다. 채널을 고정해 주세요."

뉴스 진행자가 살짝 미소를 보였고, 잠시 후 뉴스가 끊기며 광고가 나왔어. 친구와 가족에게 'AJ'로 불리는 에이든 존 커맨더는 아침 식사용 시리얼 광고 노래가 흘러나오자 긴장해서 침을 꿀꺽 삼켰어. 손바닥에 땀이 흥건하게 고이는 게 느껴졌지.

'결과가 나온다. 바로 이거야.'

AJ는 2년이 넘는 노력이 마침내 결실을 맺었는지 막 알게 될 참이었어.

'잘 안되면 어떡하지? 어떻게 해야 할까?'

AJ는 어깨에 손이 닿는 걸 느꼈고, 깜짝 놀라서 고개를 들었어. 아이샤 누나였어. 누나는 AJ의 반응에 웃음을 터뜨렸어.

"진정해, 꼬마야! 나야, 네가 제일 좋아하는 누나라고."

AJ는 하나뿐인 누나를 따라 웃었지만, 곧 TV 소리에 정신이 팔렸어. 에이든 인생에서 가장 중요한 순간이 몇 분 앞으로 다가와 있었지. AJ의 신경이 곤두선 걸 느낀 아이샤는 동생을 부드럽게 쓰다듬었어. 그리고 미소를 지으며 말했지.

"걱정할 거 없어, AJ. 네가 이길 거야. 난 알아."

AJ는 사람들이 웅성거리며 동의하는 소리를 들었고 시끄러운 함성과 기도 소리가 그 뒤를 따랐어. 힘을 얻은 AJ는 흥분이 혈관을 타고 흐르는 걸 느꼈어.

'사람들 말이 맞으면 좋겠다.'

때마침 방송국 테마 음악이 흘러나오기 시작했어. AJ 주위로 친구들과 가족이 팔짱을 끼고 있었어. AJ는 어머니 손을 잡고 이어서 아이샤의 손을 잡은 뒤, TV로 눈을 돌리고 숨을 길게 내쉬었어. 그리고 생각했지.

'어떻게 되든, 그만한 가치가 있었어. 이 모든 순간이 가치가 있었어.'

TV에서 뉴스 진행자가 활짝 웃었어.

"여러분, 안녕하세요! 즐거운 저녁입니다. 뉴스 라이브를 시청해 주셔서 감사합니다. 방금 전 전국적으로 투표가 마감되었고 지금 그 결과가 나왔습니다. 우리 전문가들이 예상하는 바로는, 루이지애나주 뉴올리언스 출신의 정치인 에이든 존 커맨더가 미국의 차기 대통령이 될 것입니다! 이제 해설자의 선거 결과 분석을 들어 보겠습니다."

뉴스 진행자의 말은 방에서 터져 나온 환호성에 묻혀 버렸어. AJ는 전율을 느꼈지.

'내가 이겼어. 내가 진짜로 이겼다고!'

친구들과 가족이 순식간에 AJ를 에워싸고 그의 이름을 연달아 외쳤어.

"AJ! AJ! AJ!"

AJ가 부통령으로 낙점한 절친 카리나가 달려왔지. 두 사람은 하이 파이브를 했고 카리나는 AJ를 끌어안았어. 그러고는 환하게 웃으며 말했지.

"그래, 친구! 우리가 해냈어."

그 순간 AJ는 천하무적이 된 기분이 들었어. 평생의 꿈을 이뤘고, 이제 수백만 명의 삶을 변화시킬 수 있게 됐어.

"AJ! AJ!"

주위에서 외치는 소리가 점점 더 커졌어.

"AJ! 에이든 존 커맨더! 일어나, 당장!"

'잠깐. 뭔가 이상한데…… 뭐지?'

AJ는 천천히 눈을 떴어. 방향 감각을 잃은 상태로 주위를 둘러봤지. TV는 여전히 앞에 있었지만, 방은 텅 비어 있었고……
그때 엄마가 허리에 손을 얹은 채로 걸어 들어왔어.

"두 번 말하게 하지 마, AJ! 너하고 아이샤는 5분 뒤에 나가야 해. 소파에서 내려와, 당장!"

'아…….'

실망한 AJ는 소파에 털썩 주저앉았어.

'꿈이었구나.'

다시 눈을 감고 그 순간을 조금이라도 더 만끽하려고 했어.
여전히 그의 이름과 그를 떠받드는 군중의 환호성이 희미하게 들리는 듯했지. AJ는 생각했어.

'언젠가, 언젠가, 넌 꼭 대통령이 될 거야. 하지만 지금 당장은…….'

엄마가 다시 불호령을 내리기 전에 일어나야 했어. 온 힘을 끌어모아, 간신히 소파에서 기어 나온 뒤, 허둥지둥 운동화 한 켤레를 움켜쥐고, 집 앞 차도로 걸어 나오니, 그곳에서 누나가 AJ를 기다리고 있었어.

AJ는 리더십 아카데미에 다니는 중학교 1학년에 불과했지만 커다란 야망이 있었어. 커서 무엇이 되고 싶은지 이미 결정한 상태인데, 바로 미국 대통령이었어! 그걸 처음 결심한 순간도 기억하고 있었지. 몇 년 전, 아카이브 선생님이 미국의 역대 대통령에 대한 단원을 가르쳤어. AJ는 그들의 업적에 경외감을 느꼈지(그들의 선택 중 일부는 좀 아쉽다고 생각했지만 말이야). AJ는 곧바로 언젠가 자신이 큰 역사 교과서에 실려서 학생들이 자신이 내린 모든 중요한 결정에 대해 배우기를 바랐어. 그리고 교실에 걸린 역대 대통령 사진에 자신을 닮은 사람이 몇 명 더 있으면 좋겠다고 생각했지.

미국 대통령은 아직 먼 미래의 일이었지만(출마하려면 35세가 될 때까지 기다려야 했으니까!) 현재 AJ는 비슷한 일을 할 기회가 있었는데, 그건 바로 학생 회장직을 수행하는 거였어! 선거는 겨울 방학이 끝난 다음 주로 정해져 있었고 AJ는 크리스마스

이후로 줄곧 계획을 세우고 있었지. 아빠의 도움을 받아서 선거 공약과 계획 목록을 작성했고, 아이샤와 함께 가족이 소장한 정치 스릴러 영화를 모조리 봤어. 그리고 당연히 AJ가 가장 존경하는 정치 영웅인 지역 시장 휴 마우스에 대해 연구했지. 마우스 시장은 수년간 AJ가 사는 도시의 시장으로 재임했어. 지지자들은 그를 끔찍이 아꼈는데 AJ는 그 이유를 알 수 있었어. 카리스마가 있고 똑똑했으며, 도시를 발전시키는 정책을 내놓고, 더불어 AJ의 엄마가 틈만 나면 언급하는 멋진 미소를 가지고 있었지(엄마가 그럴 때마다 AJ의 아빠는 눈을 흘겼지만 말이야). 마우스 시장도 선거를 앞두고 있었어! 지역 시장으로 재선되기 위해 선거 운동을 벌이고 있었거든. 말이 나와서 말인데, AJ는 기억을 떠올렸어.

'마우스 시장님이 오늘 밤 마지막 질의응답 행사를 주최한다고 했지. 난 꼭 참여할 거야.'

AJ는 내용을 열심히 기록하기로 계획했고, 그걸 자신의 선거 운동에 활용할 수 있기를 바랐어. 준비를 많이 했지만 AJ는 여전히 불안했어. 할 일이 너무 많이 남아 있었지.

'솔직히, 내가 준비를 제대로 하고 있는지 모르겠어.'

AJ가 본 모든 영화에서 정치인은 화려한 말솜씨나 통찰력 같은 특별한 비결을 가지고 있었고, 그게 성공의 열쇠였어. 마우스 시장도 비결을 여러 개 가진 것처럼 보였지! AJ는 자신만의 특별한 비결이 뭔지, 아니 그런 게 하나라도 있기는 한지 알 수 없었어. 시내로 가기 위해 누나와 함께 길을 걸어가는 동안, AJ 는 의심에 사로잡혔어.

'나한테는 어떤 특별한 비결이 있을까? 그걸 하나도 못 찾아 내면 어떡하지? 그래서 내가 선거에서 지면 어떡하지?'

"꼬마야, 괜찮아? 뭔가 흥분한 거 같은데."

아이샤가 AJ를 바라보며 말하자 AJ가 고개를 저었어.

"뭔 소리야."

아이샤가 의심스러운 듯 눈썹을 치켜올렸고 AJ가 짜증스럽 게 내뱉었어.

"누나! 나 좀 내버려둬!"

아이샤는 두 손 두 발 다 들었어.

"엄마야, AJ. 그렇게 발끈할 필요는 없잖아. 알았어, 알았다 고. 네 맘대로 해."

잠시 후, AJ가 한숨을 쉬며 말했어.

"미안해, 누나. 선거 때문에 불안해서 그래. 그냥 내가 어떻게 해야 하는지 잘 모르겠어. 난 학생회 경험이 전혀 없다고! 어쩌 면 헛수고를 하고 있는지도 몰라."

그리고 지난주 내내 속을 태웠던 생각에 대해 말했지.

"어쩌면 난 이런 일에 맞지 않는지도 모르겠어."

AJ의 말에 아이샤가 갑자기 걸음을 멈췄어. 당황한 AJ도 걸음을 멈췄지.

'누나가 왜 그러지?'

안경 너머로 AJ를 내려다보던 아이샤는 AJ의 눈을 똑바로 바라봤어.

"AJ, 넌 헛수고하고 있지 않아. 내가 장담하는데, 넌 할 수 있어. 내가 도와줄게."

누나 말에 AJ는 코를 찡그렸어.

'누나가 날 도와준다고? 별로 믿음이 안 가는데.'

아이샤가 말했어.

"원래 정치인들 옆에는 도와주는 사람이 여러 명 있어. 내가 너의 선거 운동 매니저가 돼 줄게."

AJ는 얼굴이 환해졌어.

'진짜 멋지겠는데.'

아이샤가 말을 이어 갔어.

"내가 체계적으로 관리를 해 줄게. 그리고 넌 감사의 표시로 나한테 놈놈스에서 디저트를 사는 거야!"

아이샤는 놈놈스의 아이스크림을 아주 좋아했어. AJ도 마찬가지였고. 동네 최고 아이스크림 가게였거든. AJ는 생각했어.

'좋은 제안이네.'

전에는 누나한테 도와 달라고 하거나 누나가 도와주기를 바란 적이 없었지만, 지금은 간절했어. AJ가 손을 내밀었고, 두 사람은 악수했어.

"좋아. 고마워."

AJ의 말에 아이샤가 대답했지.

"아직 고마워하기는 일러. 우리는 할 일이 많다고. 그래서, 네 계획표의 첫 번째 항목이 뭐지?"

AJ가 이마를 찡그렸어.

'누나가 그걸 어떻게 알지?'

아이샤가 웃으며 말했어.

"주방 조리대 위에 놓여 있던 걸 봤어."

AJ는 눈살을 찌푸렸어.

'비웃는 건가?'

아이샤가 얼른 말했지.

"진심으로, 아주 좋은 아이디어라고 생각해. 목록의 첫 번째 항목이 뭐였더라?"

"선거 유세에서 입을 정장을 한 벌 사야 할 것 같아. 근처에 옷을 살 만한 가게가 있어?"

아이샤가 권위 있게 고개를 끄덕였어.

"네, 정장을 맞추러 가시죠!"

한 시간 뒤, 두 사람이 지역 양복점 슈트 앤 스와브를 떠날 때 손에는 한 벌이 아니라 세 벌의 정장이 들려 있었어! AJ는 누나가 의외로 패션 감각이 좋다는 걸 인정해야 했지. 초반에 입어 본 정장 몇 벌은 끔찍했어. 상의가 너무 크거나 바지가 너무 짧고 색상이 어울리지 않았지. AJ가 지금 별 모양이 수놓인 파란색과 하얀색, 빨간색 정장 세 벌로 구성된 애국자 컬렉션을 갖게 된 건 전적으로 '캐주얼' 선반에서 정장 몇 벌을 눈여겨본 아이샤 덕이었어. 더 기분 좋은 일은 그게 가게에 남아 있는 마지막 세트였다는 거야! 나만의 '차별점'을 확보했어. 아이샤와 함께 메인 스트리트로 걸어 나오면서, AJ는 마침내 이번 선거에 대한 자신감이 생겼어. 모퉁이를 돌기 전까지는 말이야. 거기서 AJ는 갑자기 얼어붙은 듯 멈춰 섰어.

AJ 옆에서 아이샤가 고개를 갸웃거렸어. 그리고 조심스럽게 물었지.

"저 애 말이야, 혹시 이고르 보시야?"

맞았어! 이고르는 같은 반 학생이었어. 그런데 AJ는 이고르를 별로 좋아하지 않았지. 이고르는 사람들이 물어보지도 않는데 끊임없이 이래라저래라 하는 성격이었거든. 게다가 이고르의 '조언'은 도움이 되지도 않았고 친절하지도 않았어. 겨울 방학 전에 이고르는 AJ에게 "커맨더, 머리 좀 잘라라! 네 머리는 완전 엉망이야"라고 말했고, 반 학생들은 폭소를 터뜨렸어. 지금 AJ는 최악의 악몽이 현실이 된 것 같았어. 이고르가 동네의 다른 양복점인 슈트 걸로어를 나서고 있었는데, 녀석도 애국자 컬렉션 정장 세트를 들고 있었거든! 이고르는 AJ를 보자 능글맞게 웃으며 소리쳤어.

"선거 유세장에서 보자, 커맨더!"

AJ는 깨달았어.

'이고르 보시와 맞붙겠구나.'

그리고 한숨을 쉬며 큰 소리로 말했어.

"젠장."

이고르는 학교에서 소위 '인싸'였어. AJ가 어떻게 이고르를 이길 수 있겠어? 친구들의 도움은 기대하지도 말아야 하고, 정장에 의지할 수도 없게 돼 버렸어. AJ는 정장을 내려다보자 기가 꺾였어. 낙담하며 생각했지.

'비밀 무기는 무슨.'

아이샤가 단호히 말했어.

"이고르에 대해선 걱정하지 마."

AJ가 눈을 치켜떴어.

"말로는 뭘 못 해! 이고르 보시 저 녀석은 학교에서 거의 왕이나 마찬가지라고."

아이샤가 고개를 저었어.

"왕이었겠지. 더는 왕이 아닐걸? 네가 이기고 나면."

AJ가 한숨을 쉬었어.

"난 못 이겨! 녀석이 똑같은 정장까지 샀잖아."

아이샤가 반박했어.

"그래서 뭐? 너의 또 다른 장점을 찾아내 보자."

계획표의 다음 항목은 선거 유세에서 쓸 구호였어. 집으로 돌아가는 길에 AJ는 아이샤와 함께 선거 구호를 다듬었어. AJ는 짜증을 내며 불평했지.

"이해가 안 돼. '공짜 사탕을 원하면, AJ에게 투표하세요!'가 어때서? 한눈에 쏙 들어오고, 다들 사탕을 좋아하잖아. 완벽한 선거 구호야."

아이샤가 고개를 저었어.

"너는 '완벽'하다고 말하지만, 내가 보기엔 '뻔'해. 뭔가 더 창의적인 게 필요하다고."

15분 동안 실랑이를 벌인 끝에 두 사람은 결국 선거 구호를 결정했어.

"AJ에게 투표하세요. 당신의 소원이 AJ의 명령입니다!"

AJ는 그게 꽤 괜찮다는 걸 인정해야 했어. 그리고 그날 오후에는 마우스 시장과 함께하는 질의응답 행사가 있었지!

'어쩌면 내 선거가 완전히 절망적인 건 아닐지도 몰라!'

AJ는 집에 도착하자마자 곧장 자기 방으로 향했어.

'마우스 시장님과 함께하는 질의응답 시간이다!'

책상 위에는 행사를 알리는 전단지가 있었고, 거기에는 다음과 같은 글이 적혀 있었지.

'어서 오세요. 모두 오세요! 여러분의 시장 휴 마우스가 내일 시장 선거를 앞두고 지지자 여러분과 질의응답을 주최합니다. www.socialbook.com에서 참여하는 걸 잊지 마세요! 질의응답 시간은 오후 네 시에 시작합니다. 늦지 마세요!'

AJ는 생각했어.

'소셜 미디어 질의응답은 꽤 멋진 아이디어야. 특히 나이가 많은 사람으로서는 말이야. 역시, 마우스 시장님이 최고야!'

AJ 머리 위의 시계가 3시 57분을 가리켰어. AJ는 계획을 적는 공책과 펜을 집어 들고, 잽싸게 노트북 전원을 켠 다음, 자신의 소셜북 계정인 @AJThePresident에 로그인했어. 행사 탭 아래에는 **휴 마우스 시장의 재선 질의응답**이 있었지.

곧바로 휴 마우스 시장의 사진이 화면에 나타났어. 사진 속 마우스 시장은 매끈한 파란색 정장에 파란색과 하얀색 줄무늬 넥타이를 매고 특유의 미소를 뽐내고 있었어. AJ는 생각했지. '마우스 시장님은 치아가 정말 완벽해. 나도 매일 아침 3분 동안 이를 닦아야 하나. 엄마 말대로……'

AJ는 "알았음"이라고 중얼거리며, 공책에 기록을 남겼어.

마우스 시장의 사진 옆에는 사람들이 질의응답을 위해 질문을 제출할 수 있는 큰 채팅 창이 있었는데, 창 안에는 이미 몇 가지 질문이 있었어.

"당신이 제안한 세금 인상이 중산층 근로자에게 어떤 영향을 미칠까요?"

"도시공원에 새로운 분수를 짓는 건 어떨까요?"

AJ는 한숨을 쉬었어.

'너무 뻔하잖아.'

AJ는 자신도 직접 질문할 수 있다는 걸 깨달았어. 그래서 상자를 클릭하고 조심스럽게 질문을 입력했지.

"정치인으로 일하시며 얻은 교훈 중에서 가장 중요한 것은 무엇입니까?"

갑자기 불빛이 번쩍이더니 사진이 살아 움직였어. 그건 바로 사진과 똑같은 옷을 입고 있는 마우스 시장이었어. AJ는 깜짝 놀라며 생각했지.

'똑같이 멋져 보이시네.'

마우스 시장이 큰 소리로 인사했어.

"안녕하세요, 여러분!"

그런데 뭔가 당황한 듯 컴퓨터 화면을 여기저기 되는대로 쳐다보고 있었어.

'왜 저러시지?'

"저는 휴 마우스이고, 오늘 또 다른 선거를 앞두고 여러분의 질문에 대답하기 위해 이 자리에 있습니다. 하지만 먼저 제가 출마한 이유를 여러분께 말씀드리고 싶군요."

이야기 중 일부는 좀 오글거렸지만(아재 농담을 몇 번이나 했지), AJ의 엄마가 항상 말했듯이 마우스 시장은 확실히 매력적이었어! 말을 마친 뒤 마우스 시장은 잠시 숨을 돌렸어.

"그럼, 이제부터 질문을 받겠습니다. 잊지 마세요. 여러분은 저를 볼 수 있지만 저는 여러분 모두를 볼 수 없으니, 후속 질문이 있거나 뭔가를 공유하고 싶으시다면 채팅 창에 글을 남겨 주세요. 그러면 대답해 드리겠습니다."

AJ는 생각했어.

'아, 그래서 초반에 그렇게 당황한 표정을 지으셨구나. 시장님은 우리를 볼 수 없으니까.'

"첫 번째 질문은 치즈라인 구역에 사시는 조 만체고 씨가 주셨습니다. 질문은 '왜 우리가 당신에게 투표해야 하나요?'이군요. 훌륭한 질문이네요."

'훌륭한 질문? 에이, 끔찍한 질문이잖아요. 그래도 마우스 시장님은 아주 적절하게 대답해 주시네.'

AJ는 공책에 또 다른 항목을 적었어.

'좋은 질문 그리고 나쁜 질문에 대비하라.'

갑자기 채팅 창에 메시지가 쇄도했어.

@JinyanUnhappie 휴 마우스에게 투표하지 마세요! 우리 마을은 더 나은 시장이 필요합니다!

@KarenVexed 행동하지 않는 휴를 반대한다!

마우스 시장 반대파의 계획적인 공격이었어. 몇몇 댓글은 AJ가 모르는 사람들이 남긴 것이었지만, 그중 하나는 다름 아닌 이고르 보시가 보낸 것이었어!

'그럼 그렇지. 녀석도 합류했구나.'

이고르의 메시지는 언제나 그렇듯이 창의성이 절실했어.

@IgorTHEBOSSBossy 마우스는 꺼져라!

AJ는 어이가 없었어. 하지만 반대파의 댓글은 효과가 있었지. 아무도 마우스 시장에게 관심을 기울이지 않았으니까. AJ는 메시지가 행사를 강탈했다는 걸 깨달았어. 마우스 시장도 그 사실을 깨달은 게 분명했어. 갑자기 말을 멈췄거든. 마우스 시장이 짧게 말했어.

"다음 질문은 우리 시의 세금에 관한 것이군요. 회계와 재무 담당자인 로나 캐쉬에게 넘기겠습니다. 그러면 제가 이런 새 메시지들에 답할 시간이 좀 생길 겁니다."

AJ는 마우스 시장이 화가 단단히 났다고 생각했어. 마우스 시장은 얼굴이 빨개졌어. 눈살을 찌푸리고, 표정은 굳어 있었지.

또 다른 메시지가 올라왔어.

@RicoS 휴 마우스는 우리 도시에 필요한 인물이 아니다! 우리에겐 신선한 사고, 창의력, 변화가 필요하다. 다이앤 시프트에게 투표합시다!

잠시 후, 컴퓨터에서 삑 소리가 났어. '주최자 메시지'라는 알림이 떴지. 마우스 시장이 채팅 창에 뭔가를 보냈어!

'마우스 시장님이 사태를 해결할 방법을 찾았나 보다!'

AJ는 메시지를 뚫어져라 들여다보고 나서 숨이 막혔어. 메시지는 다음과 같았지.

> @MayorMouth 리코, 왜 사람들이 당신 말에 귀를 기울일 거라고 생각하죠? 당신이 이 도시와 사람들을 위해 한 일이 있나요? 없죠. 가서 더 나은 일을 찾아봐요……. 아, 잠깐만. 맞다. 넌 완전 패배자야! 유감이군요, 친구… 하지만 미안하지는 않네요. 얼간이 같으니.

AJ는 충격을 받았어.

'마우스 시장님이 왜 저런 말을 하지?'

AJ는 마우스 시장을 직접 만나 본 적은 전혀 없지만, 그는 언제나 차분하고 침착한 사람처럼 보였어. AJ에게는 항상 완벽한 정치인이었던 마우스 시장이 실제로 저런 말을 하는 건 상상도 할 수 없는 일이었지.

'다른 사람의 의견을 받아들이는 것도 시장이 해야 하는 일의 일부 아닌가? 상대방이 좀 거칠게 나온다고 해도 말이야.'

마우스 시장이 농담을 한 것 같기도 했어.

'그런데 사실 별로 웃기지 않았어. 오히려 엄청 가혹했고 적

절하지도 않았어.'

그리고 마우스 시장을 아주 프로답지 않아 보이게 만들었지. AJ는 이마를 찡그리며 의아해했어.

'마우스 시장님이 잘못한 게 아니라면 저게 마우스 시장님의 비결인가? 나도 저렇게 해야 하나?'

갑자기 AJ의 컴퓨터에서 다시 삑 소리가 나며 알림이 떴어. 소셜북에 새 알림 1건이 : 지역 해시태그 트렌드. AJ는 알림을 클릭했어. AJ는 즉시 #마우스는꺼져라 해시태그를 공유하는 게시물을 산더미처럼 보게 됐는데, 그런 게시물은 하나같이 마우스 시장의 채팅 메시지 스크린샷을 포함하고 있었어! 한 게시물 내용은 다음과 같았어.

> 마우스 시장이 아이의 댓글에 이렇게 반응하는 것을 보니 너무 실망스럽네요. 이런 사람이 우리 도시를 이끌어 가기를 원하나요? 변화가 필요한 시기입니다. 다이앤 시프트에게 투표하세요.
> #마우스는꺼져라

AJ는 심장이 쿵쾅거렸어.

'이건 마우스 시장님에게 좋지 않은데…….'

게시물은 삽시간에 퍼져 나갔어. AJ가 페이지를 새로 고침 할 때마다, 시에서 적어도 천 명 이상의 사람이 게시물을 새로 본 것으로 나타났지. AJ는 생각했어.

'좋아, 그렇다면 분명히 이런 짓은 하면 안 되는 거야. 알았음…… 공책은 필요 없어.'

'가만, 그런데 아까 그 게시물이 왜 아이를 언급했지?'

AJ는 다른 게시물 몇 개를 스크롤했고 숨을 죽인 채 RicoS 라는 사람이 작성한 #마우스는꺼져라 게시물을 클릭했어.

'마우스 시장에게 처음 메시지를 보낸 사람 이름과 같잖아!'

그 순간 AJ는 깨달았어. 'RicoS'가 바로 다이앤 시프트의 아들인 리코 시프트라는 사실을 말이야! 리코 시프트는 동네의 다른 중학교인 액티비스트 아카데미에 다녔어. AJ처럼 겨우 열세 살이었지!

AJ는 믿을 수가 없었어. 마우스 시장은 일을 그냥 망친 게 아니라, 아주 제대로 망쳐 버렸어.

'아이에게 직격탄을 날렸는데, 하필 그 아이가 상대 후보 아들이라니!'

이건 완전히 재앙이었어. AJ는 방문이 열리는 소리를 들었어. 아이샤였는데 손에 휴대 전화를 들고 있었지. 아이샤는 당황스러운 표정으로 물었어.

"이 해시태그 돌아다니는 거 봤어? #마우스는꺼져라가 뭐야?

시장님이 무슨 짓을 했기에?"

　AJ가 설명을 마치자 아이샤를 고개를 절레절레 흔들었어.

　"와…… AJ, 봤지? 그래서 이고르 보시처럼 굴면 안 되는 거야. 입조심을 해야 하는 거라고."

　아이샤가 심각한 표정으로 말했고 AJ는 쓰게 웃었어.

　"내가 그렇게 멍청한 줄 알아?"

　아이샤는 한숨을 쉬었어.

　"그러니까 말이야, AJ. 시장님 생각이 짧았던 것 같아. 너는 그러지 않도록 조심해."

　아이샤가 자리를 뜨자 AJ는 다시 모니터를 보았어.

　'누나 말이 맞아.'

　AJ는 마우스 시장의 인품이 그 메시지에서 드러난 것보다 훨씬 더 훌륭하다는 걸 알았어.

　'그렇지만…… 한 번의 잘못된 결정 때문에 마우스 시장님이 선거에서 패배할지도 몰라.'

　AJ는 생각만 해도 구역질이 났어. AJ는 얼른 소셜북 질의응답으로 화면을 전환했어. 그리고 생각했지.

　'마우스 시장님도 이 사실을 아셔야 하는데……. 어쨌든, 그래도 시장님이 최고야. 그렇지?'

　사실, 그렇지도 않은 것 같았어. 화면 속에서 얼굴이 달아오른 마우스 시장은 할 말을 잃고 있었지. (AJ는 시장님의 이런 모습을 본 적이 없었어! 다른 사람들도 본 적이 없을 거라고 생각했어.) 마침내 마우스 시장이 목청을 가다듬었어.

"으흠…… 여러분, 지금 소셜북에서 새로운 해시태그가 돌아다니고 있군요. 그리고 음, 그래요. 기회가 있을 때, 지금 이 자리에서 이 주장들에 대해 말씀드리고 싶습니다. 좀 전의 제 메시지에 대해 깊이 사과드립니다. 저는 실망하고 화가 났습니다. 왜냐하면 이곳은 힘든 선거철을 보낸 저와 제 지지자들을 위한 공간이 되어야 했기 때문입니다. 장담하건대… 그런 말은 저를 대표하지 않습니다! 저는 그냥, 글쎄요. 저도 모르겠습니다! 제가 자제력을 잃었고 생각이 짧았습니다. 리코와 다이앤, 그리고 그들의 가족에게 정말로 죄송합니다."

이에 대한 응답으로 채팅 창에 메시지가 뜨기 시작했어.

@VishalFurius 우리가 당신을 어떻게 믿죠?

@MarkFooming 사과를 받아들일 수 없음. 왜 그런 말을 했죠?

@ShiraHurt 4개월 동안 당신을 위해 선거 운동을 했어! 처신을 더 잘했어야지!

@TamaraWrath 자기가 한 말에 책임을 져야 한다고 생각하지 않나요?

화면 속 마우스 시장은 위축된 것처럼 보였어.

"어…… 그럼 이것으로, 오늘의 질의응답 시간을 마치겠습니다. 함께해 주신 모든 분께 감사드리고, 내일 투표소에서 뵙겠습니다! 잊지 마세요. 의심의 여지 없이, 여러분의 후보는 마우스입니다."

찰칵. 순식간에 동영상이 사라졌고 AJ는 다음과 같은 메시지를 바라보고 있었어.

'행사가 끝났습니다.'

AJ는 생각했어.

'마우스 시장님의 선거 운동도 끝났습니다.'

다음 날 아침 AJ가 깼을 때, 마우스 후보는 이미 성명을 발표해서 자신의 메시지에 대해 다시 한번 사과하고 경선에서 물러나겠다는 뜻을 밝힌 상태였어. 다이앤 시프트가 부전승으로 선거에서 이기게 됐고, 아이샤가 아침 식사 자리에서 이 사실을 모두에게 알렸어. AJ의 엄마가 혀를 찼어.

"어휴, 글쎄 그 사람이 그럴 줄은 전혀 예상을 못 했지만 일이 이렇게 되어 버렸으니 어쩌겠어. 어쨌든……."

엄마가 AJ를 바라봤어.

"선거 얘기가 나와서 말인데, 준비는 어떻게 되어 가니?"

아이샤가 토스트에 버터를 듬뿍 바르며 말했어.

"AJ는 이고르 보시와 경쟁하고 있어요. 아, 그리고 제가 AJ의 선거 운동 매니저이니까 질문은 전부 저한테 하세요. AJ가 선거에 도전할 수 있는 건 기본적으로 제 덕이에요."

아이샤가 거들먹거리자 엄마가 아이샤를 찰싹 때렸어. AJ는 어이없어 했고. AJ가 말했어.

"엄마, 잘되어 가고 있어요. 소셜 미디어 선거 운동을 어떻게 해야 하는지 알아낸 것 같아요!"

아마도 소셜 미디어 선거 운동이 선거에서 가장 중요한 부분일 거야. 작년에는 그게 거의 승자를 결정지었거든(물론 반 친구들이 전부 소셜북을 많이 이용했기 때문이지). AJ는 자신이 그걸 제대로 해내야 한다는 걸 알았어.

'그리고 난 그걸 아주 제대로 해냈지'

AJ는 속으로 생각하며 기뻐했어. 아빠가 물었어.

"오, 그래? 아들, 그게 뭔데?"

"소셜북에서 공개 의견 교환 행사를 몇 차례 열 예정이에요. 각 행사에서는 학교 급식에 사탕 추가하기, 숙제 제한하기와 같은 제 공약의 핵심 부분을 다룰 거고요. 학생들이 참여해서 자신이 원하는 바를 말할 수 있는 거죠. 그리고 이게 바로 제 비밀 무기가 될 거예요."

AJ는 말하면서 깨달음을 얻었어.

"다들 제가 모든 이야기를 할 거라고 예상하겠지만, 학생들이 참여해 자기가 원하는 것을 말하게 하면 학생들이 자신의 감정을 공유할 기회를 얻게 될 것이고, 그러면 학생들은 저를 신뢰할 수 있다고 느끼게 될 거예요. 왜냐하면 저는 학생들의 이야기를 귀담아듣는 사람이니까요."

AJ가 미소를 지었어.

"그동안 이고르 보시는 자화자찬하느라 바빠서 자기가 어디에 얻어맞았는지도 모를 거예요!"

식탁에 있던 모두가 웃음을 터뜨렸어. 아이샤가 말했어.

"인정해 줘야겠는걸, 꼬맹이. 똑똑한데. 나라면 그런 생각은 못 했을 거야."

"잘한다! 아들, 네가 해냈어!"

아빠의 말에 AJ는 자신감이 차올랐어.

'난 할 수 있어'

그리고 전날 있었던 마우스 시장의 행사 포스터를 바라보면서 문득 깨달았어.

'내가 분명히 시장님보다 더 잘하고 있어.'

마우스 시장은 더 이상 AJ의 정치적 역할 모델이 아니었어. 그는 정치인으로서 좀 더 신중하게 생각했어야 했지. AJ가 아이샤를 바라봤어. 아이샤는 눈썹을 치켜올렸지.

　　"그럼, 놈놈스?"

　　AJ가 웃었어.

　　"그래, 그래, 놈놈스."

　　그리고 당선된 뒤에 누나에게 놈놈스 아이스크림을 한 번 더 사야겠다고 AJ는 생각했어.

도전! 디지털 챌린지

온라인과 오프라인에서 자기가 하는 말을 의식하는 일은 정말 중요해. AJ 이야기의 밑바탕에는 전송 버튼을 누르기 전에 한 번 더 생각해 보는 일의 중요성이 깔려 있어. 심지어 '처신을 더 잘했어야 하는' 어른인 마우스 시장도, 잘못된 일을 쉽게 저지르게 만드는 온라인 환경에 말려들었어. 마우스 시장은 대화하는 사람들을 볼 수 없었던 탓에 참지 못하고 분노를 터뜨리고 말았지. 나중에 댓글을 삭제하려고 했지만 이미 캡처 화면이 #마우스는꺼져라는 해시태그와 함께 인터넷에서 돌아다니고 있었으니, 엎질러진 물이었지. 잠시 멈춰 조금만 신중히 다시 생각해 봤더라면 마우스 시장은 자신의 명성을 지키고 선거에서도 승리할 수 있었을 거야!

AJ의 이야기를 읽었으니, 이제 너희가 온라인에서 하는 말에 대해 다시 생각해 볼 차례야. 게시물을 올리기 전에 다시 생각해 보는 데 성공하면 아래 맞춤 메시지 중 하나(또는 비슷한 메시지)를 소셜 미디어에 공유하고, #입력하기전에생각해요와 #인터넷슈퍼히어로와 같은 해시태그를 사용해서 친구들이 같은 행동을 하도록 권해 봐. 내 개인 게시물을 예로 보여 줄게!

어떤 일이 있어도, 우리는 항상 친절할 수 있어요.
#입력하기전에생각해요—좋은 기분만 전하세요! 🖤❤
오늘 이 말을 들어야 하는 모든 분을 위해: 당신은 이 세상과 소셜 미디어에 있는 모든 부정적인 것보다 나은 사람입니다. 자신을 사랑하세요! 🖤 그리고 다른 모든 사람에게, #입력하기전에생각해요—당신의 말이 중요합니다.

친절은 아무리 높이 평가해도 지나치지 않습니다. 당신의 말이 한 사람의 인생을 바꿀 수 있어요. #인터넷슈퍼히어로가 되고, #입력하기전에생각해요!

 TrishPrabhu

@TrishPrabhu 지난 몇 달간 힘들었고, 긍정적인 마음을 유지하기 어려웠지만, #좋은기분을 이어 가려고 노력했습니다. ❤️오늘 이 말을 들어야 하는 모든 분을 위해: 당신은 이 세상과 소셜 미디어에 있는 모든 부정적인 것보다 나은 사람입니다. #입력하기전에생각해요. 그리고 작은 사랑을 전하세요!

인터넷은 완벽하지 않아.
그러니 더 친절하고 예의 바른
목소리를 내야 해.

옳지 않은 걸 보면 나서서
행동하는 행동가가 되는 거야.

세상의 문제를 바로 보고,
바르게 행동하기로 결심하는 것,
그것이 온라인에서 우리가
할 수 있는 가장 멋진 일이야.

5장
그만둬! 하고 말하기

인터넷은 완벽하지 않아. 네가 모든 규칙을 따르더라도 다른 사람들(아이들 또는 심지어 너희 부모님과 같은 어른들)이 그러지 않을 가능성이 커. 너는 아마 이렇게 생각하겠지.

'정말 기가 막히네, 그럼 난 어떻게 해야 하지?'

여기 답이 있어. 더 친절하고 더 예의 바른 인터넷을 옹호하기 위해 목소리를 내는 사람, 즉 행동가가 되는 거야. 다시 말해 옳지 않은 걸 보면 나서서 목소리를 내는 거지. 사진에 무례한 댓글을 다는 것처럼 명백한 것일 수도 있어. 그룹 채팅에서 철 지난 농담을 하는 것처럼 미묘한 것일 수도 있지. 어떤 것이든 목소리를 높여서 '괜찮지 않다'고 말해서 친구와 가족, 공동체에 모범을 보여 봐. 물론 이런 생각이 들 수도 있어.

'하지만, 트리샤. 그러면 나대는 것처럼 보이잖아요. 게다가 사람들이 비웃으면 어쩌죠?'

날 믿어, 난 다 이해해! 행동가가 되려면 때로는 안전지대를 벗어나야 해. 하지만 리더가 돼서 연민과 공감으로 사람들을 이끄는 건 사실 네가 할 수 있는 가장 멋진 일 중 하나야. 그레타 툰베리와 말랄라 유사프자이를 봐. 그레타는 열다섯 살때부터 기후 변화에 대한 인식을 높이기 위해 싸웠던 스웨덴 운동가이고, 말랄라는 파키스탄과 전 세계의 소녀들을 교육하는 평화 대사야! 두 사람 모두 세상의 문제를 보고 행동하기로 결심했지. 너도 행동가가 되면 그런 일을 할 수 있어.

그날의 마지막 종이 울렸어. 매스 선생님이 말씀하셨지.

"좋아, 얘들아! 잊지 마, 월요일에 수학 시험을 볼 거야!"

크리스틴 아티스트는 생각했어.

'드디어 주말이다!'

크리스틴에게 주말은 개인 화실에서 그림을 그리고, 반려견 데이지와 함께 좋아하는 로맨틱 영화를 감상하면서 학교에 있지 않아도 되는 시간이었어. 수학 시험은 걱정하지 않았지. 크리스틴은 반에서 성적이 가장 좋은 학생이었으니까.

크리스틴의 절친 테이샤 베스티가 자기 책상을 정리하고 크리스틴에게 다가갔어. 테이샤는 떨리는 목소리로 말했지.

"이제 주말이야. 난 매스 선생님이 일장 연설을 늘어놓을 줄 알았어. 크리스틴, 주말에 우리 집에 와서 서로 손톱을 손질해 주는 거 어때?"

크리스틴은 대답하려고 고개를 돌렸지만 말이 입 밖으로 나오지 않았어. 갑자기 말문이 막혀 버렸지. 발은 땅바닥에 붙어 버렸고 심장은 두근거렸으며 얼굴이 빨개지는 걸 느꼈어.

"음……."

테이샤가 물었어.

"크리스틴? 뭘 보고 있어?"

테이샤가 크리스틴의 시선을 따라가려고 애썼지. 그런데 크리스틴은 뭔가를 바라보는 게 아니라, 누군가를 바라보고 있었어…….

후안 립스매커.

후안은 크리스틴과 테이샤처럼 중학교 1학년이었어. 후안은 의심의 여지없이 1학년에서 가장 귀엽고 멋진 남자애였는데, 가죽 재킷(무려 에스파냐산!)부터 따뜻한 갈색 눈동자까지 최고의 매력남이었지. 게다가 아주 친절했고 농담도 최고로 잘했어. 모두가 후안을 좋아했지. 그리고 모두가 후안이 자기를 좋아해 주기를 바랐는데, 특히 크리스틴이 그랬어. 크리스틴은 눈을 감고 몇 달 동안 후안에 대해 꾸었던 꿈을 머릿속으로 재연했어. 그 꿈은 크리스틴이 가장 좋아하는 로맨틱 영화인 〈가장 위대한 사랑 이야기〉에서 영감을 받은 것이었지. 꿈속에서 턱시도를 입은 후안이 (크리스틴이 가장 좋아하는) 캐러멜 초콜릿 한 상자를 들고 있었어. 후안이 말했지.

"강하고 똑똑한 크리스틴, 당신은 나를 완전히 사로잡았습니다. 내 사람이 되어 주겠소, 크리스틴?"

"네……."

크리스틴은 꿈을 꾸는 듯 중얼거렸어.

"크리스틴?"

크리스틴이 눈을 번쩍 떴어. 눈앞에서 후안이 걱정스러운 표정으로 크리스틴을 바라보고 있었지.

"괜찮아?"

크리스틴은 얼굴이 더욱 빨갛게 달아오르다가 거의 보랏빛이 됐어.

"으, 응! 난 그냥……."

크리스틴은 말을 더듬었어.

'생각해, 크리스틴. 생각하라고!'

크리스틴은 교실을 나가는 반 아이들에게 큰 소리로 말했어.

"명상을 하고 있었어."

그 말에 몇몇 아이들이 크리스틴을 돌아봤어.

"명상 정말 좋아. 혹시 궁금할까 봐 얘기해 주는 거야!"

"알았어, 멋진데."

후안이 미소를 지으며 흥미롭다는 듯 말하고 자리를 뜨자 크리스틴은 한숨을 내쉬었어.

'위기를 모면했네, 간신히!'

교실 뒤쪽에서 지켜보던 아카리 기글스, 밀라 척클스, 아이다 티저가 모두 웃음을 터뜨렸어. 크리스틴은 생각했지.

'이런.'

그 아이들 옆에서 리사 래블라우저가 고개를 갸웃거리며 크리스틴을 바라보고 있었는데, 마치 뭔가를 알아내려는 것 같았어. 크리스틴은 얼굴이 빨개졌어.

"그런데 늦었네! 가 봐야겠다."

크리스틴이 도망치듯 교실 밖을 나서자 테이샤가 소리쳤어.

"크리스틴, 기다려!"

밖에서 멈춰 선 크리스틴은 눈물을 닦았어. 그리고 생각했지.

'너무 창피해. 후안은 나를 완전히 범생이라고 생각하겠지.

그리고 그 생각은 틀리지 않아.'

막 크리스틴을 따라잡은 테이샤가 헐떡거리며 기다렸다는 듯이 말했어.

"후안은… 널… 범생… 이라고… 생각하지… 않아!"

크리스틴이 투덜댔어.

"아니야, 그렇게 생각한다고! 훨씬 더 심각한 건, 리사가 눈치를 챘다는 거야. 리사는 내가 후안을 좋아한다는 걸 알아!"

테이샤가 손사래를 쳤어.

"월요일쯤이면 옛일이 될걸. 아카리, 밀라, 아이다, 그리고 리사가 다른 소문을 포착할 테니까."

크리스틴은 생각했어.

'나도 그러길 바라지.'

테이샤가 말했어.

"하지만 크리스틴, 충고 한마디 해 줄까?"

크리스틴이 테이샤를 올려봤어.

"수업 시간에 공상하지 마."

크리스틴은 눈을 동그랗게 떴고, 잠시 후 두 친구는 깔깔대며 웃기 시작했어.

크리스틴은 주말 동안 걱정을 떨칠 수 없었어.

'리사가 알아차렸으면 어쩌지?'

그렇다면 크리스틴은 부끄러운 실수를 평생 잊지 못할 것 같았어. 테이샤 말마따나, 크리스틴은 좀 조심했어야 했지. 하지만 그건 너무 힘든 일이었어! 크리스틴은 후안을 볼 때마다, 배경 음악과 의상까지 완벽하게 갖춰진 자신이 가장 좋아하는 로맨틱 영화 속으로 즉시 빠져들었어. 크리스틴은 생각했어.

'이게 문제이긴 하지.'

크리스틴은 그런 영화를 너무 많이 봤거든!

'후안 앞에서 또 부끄러운 행동을 하기 전에 짝사랑을 통제할 방법을 찾아야겠어!'

그래서 크리스틴은 반려견 데이지를 데리고 산책을 하고 수학 시험을 위해 공부도 하면서 주의를 돌리려고 했어(분수는 너무 쉽고 지루했지). 또 테이샤에게 문자를 보내서 영화를 보고 오락실로 게임을 하러 갔어. 그리고 당연히 소셜그램에서 사진을 한 장씩 스크롤 하며 많은 시간을 보냈지. 하지만 그걸로는 충분하지 않았어. 일요일 저녁이 되자 할 일이 다 떨어졌고(으악!), 새로운 한 주가 시작되기 전에 할 일이 필요했어. 크리스틴이 반려견에게 물어봤어.

"데이지, 넌 어떻게 생각해? 어떻게 하면 좋을까?"

데이지가 짖으며 크리스틴의 팔을 잡아당겼지.

"데이지! 이 할머니가 뭐 하는 거야?"

크리스틴이 웃었어.

데이지가 이번에는 더 힘껏 팔을 잡아당기더니 소파에서 뛰어내렸어. 크리스틴은 데이지를 따라 지하실에서 올라가, 집 안을 가로질러, 뒷마당으로 나가, 자기 화실로 들어갔어. 크리스틴은 생각했어.

'그래, 어떻게 이 생각을 못 했을까? 그림을 그려야지.'

크리스틴 옆에서 데이지가 즐겁게 짖어 댔지. 크리스틴은 데이지를 꼭 껴안으며 말했어.

"우리 착한 딸."

크리스틴은 화실에 들어서자마자 마음이 평온해졌어. 화실은 파스텔과 수채화, 건조 중인 캔버스, 오래된 붓의 향기가 어우러져서 친숙한 냄새가 났지. 그야말로 크리스틴의 행복 공간이었어.

크리스틴은 미술을 사랑했어. 기억이 허락하는 한에서는, 항상 그림을 그려 왔지(집 벽에도 그렸는데 부모님이 달가워하지 않으셨어). 파블로 피카소와 프리다 칼로 같은 과거의 위대한 예술가

들에게서 영감을 받아 자신만의 스타일을 발전시켰어. 크리스틴이 가장 즐겨 그리는 건 뭘까? 장소와 사람, 그리고 감정이 충만한 순간이야. 크리스틴은 초등학교 5학년 때 자기 팀이 지역 축구 대회에서 우승한 후 그렸던 그림이 기억났어. 너무 흥분되고, 자랑스러웠으며, 승리의 기쁨을 느꼈지. 크리스틴은 감정에 사로잡힐 때마다 미술로 눈길을 돌렸어. 그리고 미술을 통해 자신을 표현할 수 있는 공간을 찾아냈지.

크리스틴은 음악을 틀고 빈 캔버스를 꺼내 앞에 놓인 스탠드 위에 올려놓았어. 마음을 비운 채로 그림을 그리기 시작했고 감정이 이끄는 대로 윤곽을 스케치했어. 윤곽선은 금세 후안의 형상을 갖추고 그의 초상화가 되었지. 크리스틴은 생각했어.

'완벽해.'

후안의 주위에는 불꽃놀이와 별, 하트 등 자신이 후안을 볼 때 느꼈던 것을 모두 그려 넣었어. 윤곽선을 다 그린 뒤에는, 물감을 섞고 선을 다듬고 얼룩을 덮으며 물감으로 색칠을 하기 시작했어.

세 시간 뒤, 크리스틴이 입은 티셔츠가 물감으로 범벅이 되고 나서야 그림이 완성됐어. 후안이 따뜻한 갈색 눈동자 안에 만화 같은 하트를 그리며 크리스틴을 향해 미소를 지었지. 크리스틴은 기뻐하며 생각했어.

'맘에 든다. 잘했어, 크리스틴.'

크리스틴은 형광펜을 들고 허리를 굽혀서 그림에 서명을 하려고 했어. 그러다가 갑자기 망설였지.

'혹시라도 후안이 이걸 발견하면 어쩌지?'

크리스틴은 큰 소리로 말했어.

"아니야, 어떻게 그럴 수 있겠어? 그림이 이 화실 밖으로 나갈 일이 없는데."

그래서 멋지게 '크리스틴 애너벨 아티스트'라고 서명했지. 크리스틴은 그림을 사진으로 찍어서 테이샤에게 문자로 보냈어.

> 내 사랑은 끝이 없어 🖤

잠시 후, 테이샤가 답장을 보냈어.

> 너… 사랑에 미쳤구나! 정말 놀랍다.
> 내 절친은 정말 재능이 넘쳐!

크리스틴의 얼굴이 자신감으로 빛났어.

다음 날, 크리스틴은 기분이 좋았어. 과학 교사인 바이오 선생님이 그날 저녁에 해야 할 숙제가 두 배로 늘어난다고 말했지만 크리스틴은 눈도 깜빡하지 않았어. 그리고 점심시간에 실수로 가장 좋아하는 티셔츠에 초콜릿 우유를 흘려 놓고도 알아차리지 못했지. 테이샤가 이상하다는 듯이 물었어.

"너, 왜 그래? 평소와 행동이 달라."

"아무것도 아냐!"

크리스틴이 얼른 말했어. 그리고 무시하듯 덧붙였지.

"네가 눈이 삐어서 그렇겠지."

사실은, 아무것도 아닌 게 아니라 그림 때문이었어. 그날 아침 학교에 가기 전 크리스틴은 다시 화실을 찾아서 그림을 봤어. 이른 아침의 햇살 아래서 보니 분명했어. 크리스틴이 그린 최고의 작품 중 하나였지. 색감과 도안, 명암 등 모든 것이 정말로 완벽했어. 크리스틴은 정말 뿌듯했지. 그리고 생각했어.

'더 좋은 점은 그림 덕분에 후안을 계속 쳐다보지 않아도 된다는 거야.'

이제 그림이 생겼으니 후안을 쳐다볼 필요가 없어진 거지!

'임무 완수.'

물론 그렇게 완벽한 사람을 전혀 쳐다보지 않는다는 건 잘못된 일인 것 같아서, 크리스틴은 쉬는 시간에 다른 사람들처럼 휴대 전화를 꺼내 소셜그램을 확인하는 척하면서, 대신 교실 건너편에 있는 후안을 슬쩍 훔쳐봤어.

'잠깐.'

크리스틴은 후안을 곁눈질했어.

'내 눈에만 그렇게 보이나? 아니면 실제로 후안의 갈색 머리카락이 내가 생각했던 것보다 훨씬 더 밝은가? 젠장, 그림을 망쳤잖아.'

크리스틴은 휴대 전화로 사진을 불러와서 머리색이 얼마나 다른지 보려고 했어.

'그렇게 나쁘진 않네. 색조가 약간 다를 뿐이야. 방과 후에 고칠 수 있겠어. 축구 연습을 하고 숙제를 해야 하지만, 저녁 먹기 전에 한 시간은 있을 테니까.'

"크리스틴, 뭐 해?"

어떤 목소리가 크리스틴의 생각을 가로막았어. 깜짝 놀란 크리스틴은 휴대 전화를 책상에 떨어뜨렸지. 리사 래블라우저가 크리스틴 앞에 서 있었어. 크리스틴은 얼굴이 빨개졌어.

리사가 활짝 웃으며 물었어.

"방금 뭘 보고 있었어?"

크리스틴이 말을 더듬었어.

"아, 아무것도 아니야. 그냥 소셜그램을 확인하고 있었어."

"정말?"

리사가 관심 있는 척 물어보며 이번에는 더 활짝 웃었어.

"그래."

크리스틴이 긴장한 목소리로 말했어.

"아무튼, 화장실 좀 다녀올게."

크리스틴은 거의 전력 질주하듯이 선생님 책상으로 가더니 ("화장실에 가야 해요!") 밖으로 나갔어. 화장실에서 거울에 비친 자신의 모습을 바라보는데, 공포가 밀려들어서 속이 뒤틀렸어.

'잠깐.'

크리스틴은 심호흡을 몇 번 했어.

'솔직히, 리사가 보긴 뭘 봤겠어? 십중팔구 그냥 날 놀린 거겠지.'

크리스틴은 교실로 돌아가면서 마음을 가라앉혔어. 리사는 학교에서 가장 인기 있는 여자애였지만, 크리스틴은 리사가 자신을 괴롭히게 내버려두지 않았어.

'그리고 실제로 나쁜 일도 일어나지 않았잖아.'

종이 울렸어. 다음 수업은 중요한 수학 시험을 치르는 시간이었어. 매스 선생님이 말했지.

"좋아요. 여러분이 이 자료를 얼마나 잘 익혔는지 봅시다. 다시 한번 말하지만, 당장 휴대 전화를 끄고 치워 주세요! 시험 중에 휴대 전화가 눈에 띄면, 감점할 겁니다. 예외는 없어요."

크리스틴은 휴대 전화를 들고 전원을 끄려다가 테이샤가 보낸 메시지를 봤어. 궁금해서 얼른 확인했지.

크리스틴, 너 이거 봤어?!

갑자기 또 다른 메시지가 나타났어.

리사한테 왜 네 그림을 보냈어?

크리스틴은 눈이 휘둥그레졌어. 테이샤의 문자를 열어 보고 나서는 숨이 막혔지. 거기에는 리사가 소셜그램에 올린 최신 게시물의 스크린샷이 있었는데, 바로 크리스틴이 그린 후안 그림이었어! 리사는 다음과 같은 글도 달아 놓았어.

누군가 @JuanLipsmack30에게 푹 빠졌나 봐요!

그림 하단에는 크리스틴의 서명이 또렷하게 보였어. 크리스틴은 일단 혼란스러웠어. 어떻게 된 일인지 알 수 없었지. 그러다 깨달았어. '화장실!' 크리스틴이 화장실에 갔을 때, 리사가 크리스틴의 휴대 전화를 집어 들었는데, 잠금이 해제된 상태로 후안의 사진이 열려 있었고 그 사진을 자기한테 보낸 거였어! 리사는 자신이 보낸 메시지를 확인했고 거기에는 당연히 후안의 사진이 있었지. 크리스틴 아티스트가 리사 래블라우저에게 보냄.

크리스틴은 기절할 것 같았어. 있을 수가 없는 일이었어. 아직은 아니라고 해도 언젠가 전교생이 크리스틴의 그림을 보게 되겠지! 사진에 태그된 후안을 포함해서 말이야! 크리스틴의, 인생은, 끝났어.

크리스틴은 속수무책으로 테이샤를 바라봤어. 테이샤가 인상을 쓰며 눈짓으로 신호를 보냈는데, 마치 '휴대 전화를 가방에 넣어'라고 말하는 것 같았어.

'응?'

"크리스틴 아티스트."

매스 선생님의 목소리가 교실을 관통했어.

'으악.'

크리스틴은 얼어붙었어.

'이게 바로 테이샤가 말하려고 했던 거구나.'

크리스틴은 매스 선생님을 올려다봤고 선생님의 불타는 시선

아래서 자신이 시들어 가는 느낌을 받았어.

"매스 선생님, 정말 죄송해요. 제가 귀담아듣질 않았어요. 그리고……."

매스 선생님이 말했어.

"맞아요, 아티스트 학생. 내 말을 듣지 않았죠. 저는 분명히 학생들에게 휴대 전화를 치우라고 말했어요! 정말 실망스럽네요, 크리스틴."

선생님은 눈살을 찌푸리며 말했어.

"정말 크리스틴답지 않네요. 어쨌든, 시험에서 5점이 감점될 거예요."

선생님은 걸어가면서 더 큰 소리로 말했어.

"이 일이 모두에게 본보기가 되길 바랍니다. 그 지긋지긋한 휴대 전화 좀 치워요!"

크리스틴은 토할 것 같았어.

'감점?'

크리스틴은 지금까지 수학 시험에서 A보다 낮은 점수를 받은 적이 한 번도 없었어! 이건 전부…… 크리스틴은 고개를 돌려 분노의 눈길로 리사를 찾았는데 리사는 뒤에 있었어. 크리스틴은 리사를 매섭게 노려봤지. 리사는 시험지를 보던 고개를 들어 크리스틴의 표정을 보더니 소리 없이 웃었어. 리사 옆에 있는 아키라, 밀라, 아이다도 고개를 들었지. 설상가상으로 크리스틴의 반 친구 몇 명도 고개를 절레절레 흔들며 크리스틴을 딱하게 바라봤어. 그리고 누군가 속삭였지.

"헐, 아티스트가 여태 립스매커를 졸졸 따라다녔니?"

크리스틴은 움츠러들었어. 얼른 고개를 앞으로 돌려 책상을 내려다봤지.

'시험이잖아!'

눈앞이 흐려졌어.

'울지 마, 울지 마, 울지 마.'

스스로 되뇌었어. 그런데 갑자기 아빠의 목소리가 들렸어. 크리스틴은 5학년 축구 대회에 있었고 크리스틴의 팀은 1점 차로 지고 있었어. 1분밖에 남지 않았고, 크리스틴은 다 끝났다고 생각했어. 그때 아빠가 말했지.

"못난아, 울지 마. 아직 아니야. 게임 페이스를 유지해."

크리스틴은 자신에게 말했어.

'크리스틴, 게임 페이스를 유지해.'

다시 시험지를 내려다봤지.

'40/75을 약분하면 무엇입니까?'

크리스틴은 생각했어.

'아티스트, 넌 이걸 알아. 할 수 있어. 한 번에 한 문제씩 풀어

나가자.'

시험은 정신없이 지나갔어. 종이 울리자마자 크리스틴은 교실을 뛰쳐나갔어. 평소처럼 수학 시간이 끝난 뒤에 후안이 휴대 전화를 들고 소셜그램을 확인하는 모습을 지켜볼 수 없었으니까. 안타깝게도 학교 복도에서는 크리스틴이 빛의 속도로 움직여도 주변에서 들려오는 킥킥 소리를 벗어날 수 없었어. 크리스틴은 자기 사물함 옆에서 누군가가 질문하는 소리를 들었어.

"크리스틴이 왜 후안을 그렸을까? 정말 이상해."

리사 래블라우저가 대답하는 소리도 들렸지.

"내 말이, 크리스틴이 이상한 애라서 그렇겠지."

리사는 더 큰 소리로 덧붙였어.

"그런데 후안은 이상한 사람을 좋아하지 않아."

뒤에 있던 리사의 패거리가 웃었지. 크리스틴은 얼굴이 화끈거렸어.

'도망가야겠다. 저기에 문이 있네.'

"안녕, 크리스틴!"

크리스틴 뒤에서 한 남자애의 목소리가 들렸어. 크리스틴은 생각했어.

'아, 안 돼.'

축구팀 주장이자 후안의 가장 친한 친구인 토니 조크였어! 토니는 크리스틴과 문 사이에 서서 크리스틴에게 어슬렁어슬렁 다가갔어.

'저기에 탈출구가 있는데.'

크리스틴은 토니를 제대로 쳐다보지도 못했어. 토니가 크리스틴에게 말했지.

"저기, 궁금한 게 있는데…… 그림 한 장 얻을 수 있어?"

토니의 친구들이 배꼽을 잡고 웃었지만, 정작 토니는 진지한 표정으로 서 있었어. 크리스틴은 당황스러운 표정으로 토니를 바라봤지. 곧 토니도 웃음을 터뜨렸고 그 광경을 지켜보던 다른 사람들도 다 같이 웃기 시작했어. 크리스틴은 너무나 간절히 도망치고, 사라지고 싶었어. 하지만 그 순간 크리스틴은 꼼짝도 할 수 없었어. 다시 한번 로맨틱 영화로 돌아가서 모든 것이 슬로모션으로 움직이는 것 같았지만 이 영화에는 해피엔딩이 없었어. 들리는 소리라곤 웃음과 조롱뿐이었지. 크리스틴이 상상할 수 있는 건 자신을 보며 웃고 또 웃는 후안의 얼굴뿐이었어. 후안의 얼굴이 물었지.

'크리스틴, 왜 그래? 넌 왜 그렇게 이상하니?'

"크리스틴?"

크리스틴이 눈을 번쩍 떴어. 사실 크리스틴은 자기가 눈을 감고 있었는지도 몰랐어. 그런데 거기, 크리스틴의 앞에, 진짜 후안이 있었어. 후안은 걱정스러운 표정을 지었어. 크리스틴은 속으로 한숨을 쉬었지.

'왜 항상 나한테만 이런 일이 일어날까?'

관중이 기대에 찬 눈으로 두 사람을 지켜봤어. 리사가 만족스러운 듯 친구들에게 말했지.

"이제 크리스틴이 제대로 혼 좀 나겠네."

후안이 물었어.

"괜찮아?"

'왜 후안이 나한테 그걸 묻지? 날 혐오할 텐데.'

크리스틴은 말을 더듬었어.

"어…… 그래. 있잖아, 그림에 대해선 정말, 정말 미안해. 일부러 그린 게 아니야! 재미로 한 일이고, 그저 그림 그리는 걸 좋아해서……."

후안이 씩 웃으면서 말했어.

"왜 사과를 해? 난 네 그림이 정말 멋지다고 생각했어."

크리스틴은 리사가 성을 내며 말하는 걸 들었어.

"뭐야?"

리사 얼굴에서 웃음기가 사라졌지. 크리스틴은 심장이 쿵쾅거렸어.

"멋지다고?"

'후안은 내가 멋지다고 생각해! 아니, 내 그림이 멋지다고 생각하는 거지. 그렇지만 그게 뭐 대순가? 후안 립스매커가 내 그림을 좋아한다잖아!'

두 사람 뒤에 있는 관중 사이로 누군가 어이없다는 듯 불평하는 소리가 흘러나왔어.

토니가 당황한 표정을 지으며 사람들 틈에서 나왔지.

"야, 뭐 하는 거야? 쟤는 진짜 이상한 애야. 그리고 소름 끼치잖아. 다른 사람을 왜 맘대로 그려?"

관중이 고개를 끄덕였어.

"정신 차려, 자식아! 여기서 나가자."

크리스틴이 생각했어.

'그럼 그렇지. 잘 가라, 후안과의 기막힌 순간. 어서 와, 절망의 오후.'

하지만 후안은 움직이지 않았어.

"야, 너희 왜 크리스틴을 괴롭혀? 왜 다들 크리스틴을 괴롭히는 거야?"

후안은 관중에게 큰 소리로 말했어.

"크리스틴은 미친 재능이 있는 화가야. 크리스틴을 실제로 아는 사람이라면 누구나 그렇게 생각할걸. 그리고 적어도 크리스틴은 다른 사람 사진을 훔치지는 않아! 진짜 소름 끼치는 일은 바로 그런 거야."

아카리, 밀라, 아이다, 그리고 리사가 먼 산을 바라봤어.

복도 구석에서 크리스틴과 같은 책상을 쓰는 마이카 서포터가 말했어.

"후안 말이 맞아. 얘들아, 그만해. 그리고 크리스틴, 진심으로 네 작품은 대단해."

그러자 갑자기 모두가 고개를 끄덕였어. 토니가 자기 발을 바라보며 말했어.

"진짜 잘 그린 거 같긴 하더라."

그 순간 크리스틴은 엄마 생각이 났어. 크리스틴이 어렸을 때, 엄마는 생활비를 벌기 위해 두 가지 일을 했어. 엄마는 항상 지저분해 보였지. 머리는 헝클어지고 립스틱은 번져 있었어. 크리스틴은 때때로 그런 엄마가 부끄럽게 느껴졌어. 하루는 크리스틴이 물었어.

"엄마, 내가 화장해 줄까요?"

엄마는 웃었지.

"그래, 좋아!"

그리고 자상하게 말씀하셨어.

"그렇지만 엄마는 다른 사람이 나를 어떻게 보든 별로 신경 쓰지 않아. 그리고 너도 그래야 해! 절대로 다른 사람한테 휘둘려서 너 자신이 형편없다고 생각해서는 안 된다는 말이야, 크리스틴."

엄마의 말이 머릿속에서 메아리치는 가운데 크리스틴은 군중을 마주했어. 그리고 자신 있게 말했지.

"다들 내 그림을 좋아해 줘서 기뻐."

내친김에 농담까지 했어.

"정말 한 방 먹인 느낌인데. 내 말은, 한 건 한 거 같다고!"

모두가 웃었지. 반 친구들은 흩어지면서 크리스틴에게 다가와 하이 파이브를 하며 그림이 정말 인상적이었다고 말했어.

실망한 리사, 아카리, 아이다, 밀라는 살금살금 움직이더니 크리스틴의 시야 밖으로 사라졌어. 크리스틴은 즐거워하며 생각했어.

'아티스트 1점 획득.'

"저기…… 크리스틴?"

크리스틴이 돌아섰어. 후안이었어! 크리스틴은 후안이 거기서 있는 걸 잊고 있었어.

'아무렇지 않은 척해.'

"응!"

크리스틴이 후안에게 물었어.

"있잖아…… 정말 고마워. 그렇지만 물어봐야겠어. 왜 그랬어? 왜 내 편을 들어준 거야?"

후안이 어깨를 으쓱했어.

"별거 아니었는걸. 그리고 옳은 일이었잖아. 리사는 너한테 그럴 권리가 없었어. 게다가 넌 정말 그림을 잘 그려."

크리스틴은 가슴이 뛰었어. 웃으며 후안에게 말했지.

"고마워."

후안이 말했어.

"아무튼…… 난 가 봐야 해. 나중에 얘기할까?"

크리스틴은 행복한 마음으로 고개를 끄덕였어.

"크리스틴!"

테이샤가 크리스틴에게 달려왔고 두 사람은 꺄악 소리를 질렀어.

"정말 놀라웠어!"

테이샤가 요란하게 말했어.

"일이 다 잘 풀려서 정말 다행이야."

테이샤는 크리스틴을 꽉 안아 줬어.

"그리고 이제 다들 네가 끝내주게 멋지다고 생각하니까, 나도 멋지다고 생각해 주겠지!"

크리스틴이 웃었어.

"사랑해, 테이샤! 넌 최고의 베프야!"

테이샤가 눈썹을 찡그리며 심각한 표정을 지었어.

"음, 그게 사실이라면……."

크리스틴이 살짝 긴장하며 물었어.

"그러면?"

테이샤가 활짝 웃었지.

"나도 그림 한 장 그려 줘!"

크리스틴이 테이샤의 팔을 잡았어.

"알았어. 자, 가자!"

'그림을 그릴 시간이야.'

도전! 디지털 챌린지

크리스틴 아티스트의 이야기는 작은 사고와 짝사랑으로 가득 찬 재미있는 이야기지만, 그 이면에서는 행동가의 힘에 대해 말하고 있어. 후안은 크리스틴의 편에 서서 모든 상황을 반전시켰고, 친구들과 반 아이들은 크리스틴에게 그림이 인상적이라고 말하기 시작했지. 또한 후안은 자기도 모르게 크리스틴에게 자신감과 회복력을 불어넣어 준 것 이상으로 훨씬 더 많은 일을 해냈어. 후안은 반 친구들이 크리스틴을 괴롭힌다는 사실에 굴하지 않았고, 상황을 악화시키지 않으면서 아이들에게 맞섰어. 그래서 결국 위기를 극복했지!

5장에서 크리스틴의 이야기를 읽었으니 이제 네가 행동가가 될 차례야! 우리가 맞춤 제작한 '나는 행동가입니다' 이미지를 네가 좋아하는 소셜 미디어 플랫폼에 게시하거나 공유해 봐. 네가 행동가가 되기로 한 이유를 설명하는 글도 넣어. "내가 행동가가 된 이유는……." 형식으로 쓰면 돼. 옆에 있는 내 개인 게시물을 참고해!

'나는 행동가입니다' 이미지를 다운로드 받을 수 있는 링크
https://tinyurl.com/rethinkupstander

TrishPrabhu

ReThink The Internet

나는
행동가입니다

인터넷에
혐오를 위한 자리는 없습니다.

    • • •

@TrishPrabhu 저는 이 책을 쓰면서 온라인에서 혐오가 아니라 친절함을 퍼뜨리는 것에 대해 많이 배웠습니다. ♥ 중요한 것은 방관자가 아니라 행동가가 되는 것입니다! 제가 행동가가 된 이유는 아무도 내 편이 되어 주지 않을 때 기분이 어떤지, 그리고 작은 응원이 삶을 얼마나 변화시킬 수 있는지 알기 때문입니다. 😀 #나는행동가입니다

기술과 인터넷은 즐기는 것을 넘어
세상을 더 나은 곳으로 만들 수 있어.
'올바른 방식으로' 사용하면 말이야.

편견과 차별, 혐오를 넘어서 기술을
선한 목적으로 사용하는 것의
힘을 세상에 보여 줘.

기술을 활용해 세상을
변화시키는 사람이 되기 위한
발걸음을 내디딜 때야.

6장
세상을 바꾸는 선한 기술

이 책을 읽으면서 인터넷은 완전 최악이라고 생각하게 됐을지도 모르겠어! 우리가 지금까지 얘기한 내용은 결국 인터넷이 어떻게 우리에게서 최악의 모습을 끌어내는지, 그리고 인터넷이 얼마나 거짓 정보로 가득 차서 매번 우리를 속이는지였으니까. 그리고 설령 인터넷이 완전히 엉망이라고 생각하지는 않더라도, 내가 인터넷을 혐오한다고 생각할지도 모르겠어. 믿거나 말거나, 그건 전혀 사실이 아니야. 난 기술과 인터넷이 정말 굉장하다고 생각해. 왜냐하면 올바른 방식으로 사용하면 세상을 바꿀 수 있기 때문이야. 그런데 '올바른 방식'이 뭘까? 단 한 가지의 올바른 방식은 없어! 소셜 미디어 플랫폼을 사용하여 정의를 위한 운동을 시작하거나, 코딩을 배우거나, 장애인 공동체를 지원하는 앱을 만들거나, 과학 실험을 하는 것처럼 다양한 활동을 할 수 있지. 내 경우에는 코딩을 배워서 사이버 폭력을 감지하고 막는 앱을 만들었어. 난 괴롭힘이 큰 문제라는 걸알고 나서 행동하기로 결심했지. 너도 할 수 있어! 네가 어떤 분야에 열정이 있든 기술을 활용해서 자신의 관심사를 뒷받침하면, 활동가와 혁신가, 창작자, 몽상가가 될 수 있어. 간단히 말하자면 기술과 인터넷으로 세상을 더 나은 곳으로 만들 수 있지. 그러니 기술을 받아들여서 인류를 구하고 혁명을 시작해! #Z세대는강하다 💪

타냐 테크구루는 복도를 걸어가는 동안 자신이 감시당하고 있다는 걸 느낄 수 있었어.

주변에서 수군대는 소리가 들렸어. 킥킥 웃는 소리도 들렸고, 눈썹을 찡그리고 고개를 젓는 모습도 보였어. 누군가 속삭이는 소리도 들렸지.

"저건 뭐야?"

다른 누군가가 목소리도 낮추지 않고 대답했어.

"유일한 친구라던데."

웃음이 이어졌지. 또 다른 여자아이가 화난 목소리로 물어보는 소리가 들렸어.

"근데 저거에 말을 건다고?"

남자아이가 대답했어.

"응, 그렇대. 진짜 웃긴 건 이름을 지어 줬다는 거야. 농담이 아냐. 타냐는 저걸 그레이스라고 부른다나 뭐라나."

여자아이가 겁에 질린 듯 대답했어.

"으악, 맙소사!"

타냐는 사물함으로 향하면서 한숨을 내쉬었어. 눈을 굴리며 생각했지.

'충격이다.'

새 학년이 되면 새로운 시작이 될 거라고, 방학 동안 친구들과 떨어져 지내는 것이 새로운 시작을 할 기회가 될 거라고 자신이 기대했다는 걸 믿을 수가 없었어. 손에 든 얇은 직사각형 상자, 즉 컴퓨터를 쓰다듬으며 속삭였지.

"다시 너와 나뿐인 것 같아, 그레이스."

컴퓨터 과학의 여성 선구자이자 '컴퓨터 버그'라는 표현을 유명하게 만든 그레이스 호퍼의 이름을 딴 이 컴퓨터는 타냐가 가장 소중히 여기는 물건이었어. 아이들은 보통 동네 전자 제

품 매장에 가서 컴퓨터를 사지만, 타냐는 불과 열한 살 때 자신의 컴퓨터를 직접 만들었어! 세세한 부분까지 하나하나 신경 써 가며 그레이스를 조립했지. 결과는? 굉장하긴 한데…… 안타깝게도 전혀 '평범한' 컴퓨터처럼 보이지 않고 자신의 괴짜스러움을 한껏 드러내는 컴퓨터가 탄생했어. 또래 친구들은 대부분 컴퓨터 하드웨어 따위엔 전혀 관심이 없다는 걸 타냐도 알고 있었지. 그렇지만 대부분의 사람들이 '진짜' 세상에서 사는 동안, 타냐는 0과 1, 회로와 프로세서, 코딩과 창작의 세계에서 살았어. 패션? 화장? 보이 밴드 쓰리 디렉션스? 딱히 팬이라고 할 수는 없었어. 그리고 슬프게도 타냐를 힘들게 한 건, 학교에서는 특히 기술을 사랑하는 여자애가 '남들과 다르다는 것'이 쉽사리 받아들여지지 않았다는 거야.

첫 수업을 들으러 가는 길에 타냐가 휴게실을 훔쳐봤어. 탄산음료 냉장고와 오디오, 간식 상자가 완비된 휴게실은 이 건물에서 고학년 아이들만 이용할 수 있었고, 학생들에게 가장 인기 있는 장소였어. 반장인 애셔 맥러브드의 말처럼 저학년 때부터 "몇 년 동안 이걸 기다렸으니까!"

타냐는 수업 전에 휴게실을 살짝 둘러보고 싶었지만, 휴게실 안에서 몇몇 아이들이 자기를 쳐다보며 손가락질하고 웃는 모습을 봤어. 타냐는 고개를 숙였지.

'안 되면 말고. 다음에 보자.'

혼자 있고 싶었던 타냐는 재빨리 1교시 미술과 공예 수업이 열리는 교실로 걸어갔고, 텅 빈 교실에서 사람들 눈에 띄지 않는 뒤쪽에 자리를 잡고 컴퓨터 전원을 켜자 컴퓨터가 윙윙거리며 작동했어. 타냐는 그레이스의 윙윙 소리에 안정을 되찾았고 곧바로 마음이 차분해졌어.

'우리가 간다.'

타냐는 작업 공간을 마련할 때 하는 자신만의 절차를 진행하기 시작했어. 컴퓨터? '확인.' 창의력이 갑자기 솟아날 때를 위한 멋진 펜? '확인.' 타냐의 위대한 아이디어 공책? 아직 가방 안에 있었어. 타냐는 얼른 공책을 꺼냈지. '확인.' 타냐는 공책을 휙휙 넘기다가 마침내 최신 항목인 '나가 있어!'에 도달했어. 타냐는 미소를 지었지.

'그래, 이게 내 최고의 발명품이 될지도 모르겠어.'

전날 오후, 타냐가 다른 프로젝트의 코드에 있는 문제를 해결하려고 열중하고 있을 때, 영감이 팍 떠올랐어. 그런데 타냐가 자신의 실수를 알아낸 바로 그 순간 남동생 노엄이 방으로 들어와 뛰어다니며 책상 위와 트로피를 엉망진창으로 만들었어. 그걸 다 치우는 데 30분이 걸렸고 다시 작업을 하려 했을 때는 이미 해결책을 잊어버린 상태였지! 노엄은 겨우 네 살이었기 때문에 사실상 노엄의 잘못은 아니었지만, 그대로 두고 볼 수만은 없었어. '나가 있어!' 앱의 개념은 단순했어. 타냐의 방문 밖에서 움직임이 감지되면 타냐에게 알려 줘서 노엄을 잡아다 놀이방(타냐와 멀리 떨어진!)에 가둘 시간을 벌어 주는 거였지.

타냐는 컴퓨터에서 여러 개의 창을 전환하다가 비로소 '나가 있어!' 애플리케이션을 실행했어. 숨을 들이마시며 손가락 마디를 뚝뚝 꺾었지.

"이제 일할 시간이야."

타냐는 혼잣말을 하며 빠르게 타이핑하기 시작했어.

타냐의 부모님이 타냐가 '아기 천재'(타냐 아빠의 표현대로)라는 걸 처음 깨달은 건 타냐가 세 살 때였어. 어느 날 오후, 타냐는 거실을 아장아장 걸어 다니다가 커피 탁자 위에 있는 아빠의 휴대 전화를 발견했어. (아빠는 점심을 만들고 축구를 보느라 바빴는데, 엄마는 지금도 그 사실을 아빠한테 일깨워 주곤 해.)

타냐에게 점심을 가져다주려던 아빠는 깜짝 놀랐어. 타냐가 단 10분 만에 휴대 전화 부품을 하나씩 완전히 분해해서 회로를 살펴보고 있었거든. 겁에 질린 아빠는 휴대 전화 부품을 낡

아챘고, 서둘러 모든 걸 타냐에게서 떼어 놓느라 딸이 혼자서 놀라운 일을 해냈다는 사실을 완전히 놓쳐 버렸어.

그날 저녁, 아빠와 엄마가 휴대 전화를 수리할 방법을 논의하던 중 엄마가 깜박하고 휴대 전화 부품을 다시 탁자 위에 올려놓은 걸 깨달았어! 거실로 달려간 엄마는 마치 집안에 경사라도 난 것처럼 화들짝 놀랐어. 바닥에서 타냐가 휴대 전화를 재조립하고 있었던 거야.

"메이슨!"

타냐의 엄마가 소리를 질렀어.

"타냐가, 타냐가, 휴대 전화를 수리하고 있어!"

"여보, 누가?"

아빠가 되물었어.

"우리 딸이! 타냐가!"

깜짝 놀란 부모님은 타냐의 놀라운 잠재력을 키워 주기로 맹세했어.

몇 년이 지나자, 타냐가 기술에 대해 보이는 관심은 휴대 전화 수리를 훨씬 뛰어넘었어. 일곱 살 때는 아이스크림 한 스쿱을 완벽하게 뜰 수 있는 로봇인 '스쿱오라마'를 발명했어. (스쿱오라마는 "감사합니다! 또 오세요!"라는 멘트도 할 수 있었고, 지금은 동네 아이스크림 가게인 놈놈스에서 사용하고 있어.) 아홉 살 때는 '모두를 위한 사탕'이라는 로켓 발사기를 만들었는데, 미니 로켓은 이륙 후 마을 곳곳에 사탕 통을 떨어뜨렸고 추진기는 발사 후 10분 만에 집 뒷마당에 착륙함으로써 임무를 완벽하게 수행했지. (불행하게도 경찰이 곧 도착했지만, 다행스럽게도 타냐는 이미 로켓에 자폭 루틴을 작성해 놓은 상태였어!)

타냐는 어떤 문제라도 해결하는 기술을 만들 수 있었어. 아이스크림 한 스쿱을 완벽하게 뜨는 것이든, 설탕에 미친 아이들 수천 명을 만족시키는 것이든 말이야. 그리고 그게 바로 타냐가 기술을 가장 좋아하는 점이었어. 기술은 아주 강력했고, 그건 그 기술을 만든 타냐도 강력하다는 걸 의미했어!

따르르르릉!

'어?'

타냐는 깜짝 놀라 고개를 들었어. 1교시 종이 울리자 교실은 학생으로 가득 찼고, 교실 앞에서는 미술과 공예를 담당하는 프리지드 선생님이 그날의 수업으로 점토 도자기를 설명하기 시작했어.

'잠깐만.'

타냐는 마음이 급했어. 다음 코드 덩어리를 완성하기 직전이라서 작업할 시간이 딱 1분만 더 필요했어! 불행하게도 프리지드 선생님은 컴퓨터를 좋아하지 않았어. 지난번 타냐가 수업

중에 코딩하는 걸 적발했을 때는 타냐를 교장실로 직행하게 했어. (타냐가 프리지드 선생님이 내준 숙제를 하려고 미술 시뮬레이터를 만들고 있었다는 건 당연히 도움이 되지 않았지.)

이제 타냐는 불안한 마음으로 컴퓨터와 프리지드 선생님 사이를 바라봤어.

'잠깐만, 방금 뭐였지?'

타냐의 시야에 안드레 페티와 안젤로 미니가 들어왔어. 두 사람은 타냐가 작업하는 걸 알아채고 웃었어. 안드레는 자기 컴퓨터를 잡고 뽀뽀하는 시늉을 했고, 안젤로는 의자에서 거의 떨어질 뻔했어. 타냐는 생각했어.

'무시해, 타냐. 엄마가 한 말을 기억해. 그냥 내버려둬. 넌 더 중요한 문제를 해결해야 해.'

타냐는 다시 코드에 집중했어. 프리지드 선생님을 곁눈질하면서, 몰래 타이핑을 하기 시작했지.

'거의 다 됐어… 거의 다… 제발 작동해라.'

숨을 내쉬며 코드 덩어리를 시험했어.

'그래! 작동한다!'

타냐는 심장이 터질 것 같았어. 이제 앱을 절반 정도 완성했고, 예정대로 이번 주말까지 끝낼 수 있을 것 같았지! 새로운 기술에 대한 도전을 극복하는 것보다 기분 좋은 일은 없었어. 타냐는 잽싸게 컴퓨터를 가방에 집어넣었어.

'임무 완수.'

잠시 후, 타냐는 누가 어깨를 가볍게 두드리는 걸 느꼈어.

'젠장, 설마……'

돌아보니 (다행히) 프리지드 선생님이 아니라 같은 학년인 나디르 뉴스가이였어.

'잠깐, 뭐야? 원하는 게 뭐지?'

타냐는 2학년 이후로 나디르와 얘기해 본 적이 없었어.

나디르가 즐거운 목소리로 말했어.

"엄청난 일이 벌어지고 있어! 휴대 전화를 확인해 봐."

그리고 작은 목소리로 덧붙였지.

"기대되는데."

'아, 돌겠네.'

타냐는 가슴이 철렁했어. 가방에 손을 넣어서 공책을 집는 척하다가 마지막 순간에 휴대 전화를 집어 들고 화면을 살짝 들여다봤어.

안젤로 미니의 새로운 픽챗 1개: 헤어스타일과 컴퓨터가 어우러지니까 역대급으로 등신 같네. 그냥 평범한 여자애로 살 수는 없는 거니?

글 뒤에는 안젤로가 몇 분 전에 타냐를 찍은 사진 한 장이 있었는데, 그 사진에서 타냐는 컴퓨터 앞에 구부정하게 앉아 있었고 새로 자른 아주 짧은 헤어스타일이 적나라하게 드러나 보였어. 안젤로가 그 사진을 학교 그룹 픽챗에 보냈기 때문에 타냐를 포함한 모두가 볼 수 있었지.

그 순간 타냐는 자기 사진을 들여다보며 뭔가를 느꼈어. 슬프거나 혼란스럽거나 상처받은 게 아니라, 화가 났지.

'이게 도대체 무슨 소리야? 평범한 여자애들은 컴퓨터를 좋아하지 않는다고? 그리고 내 헤어스타일이 어때서?'

타냐는 신경이 쓰여서 정수리를 쓰다듬어 봤어. 몇 달 전 머리를 자르러 갔을 때 다른 여성이 짧은 머리를 한 걸 봤는데, 정말 멋져 보였어.

'짧은 머리가 어때서 그래? 그보다 내가 쟤들이 원하는 대로 해야 할 이유가 뭔데?'

너무나 불공평했어. 괴롭힘, 못된 메시지, 끊임없는 놀림 등 모든 것이 말이야. 그래서 엄마가 뭐라고 말씀하셨든 타냐는 더는 '그냥 내버려둘' 수 없었어. 타냐는 항상 기술이 만능이라고 믿었지만, 타냐가 해결할 수 없는 한 가지 문제는 학교의 못된 아이들인 것 같았어. 더 정확히 말하자면, 자신과 비슷한 친구를 단 한 사람도 찾을 수 없을 것 같다는 사실이었지.

'이게 그리 무리한 요구인가?'

타냐는 이 문제를 해결해야 했어. 타냐에게 이 문제가 중요하지 않다면 뭐가 중요하겠어.

남은 미술과 공예 시간 동안 타냐는 안절부절못하다가 종이 울리자마자 가방을 집어 들고 자습 교실로 향했어. 주변에서 여전히 픽챗을 보며 웃는 소리가 들렸지만 모르는 척했지. 교실에 도착하자마자 즉시 작업 공간을 다시 마련하고 그레이스의 전원을 켰어. 그런 다음 공책을 들고 한 장 한 장 휙휙 넘겨서 빈 페이지를 찾았어. 페이지 상단에 자신의 멋진 펜을 사용해서 커다란 글씨로 다음과 같이 썼어.

작전명 여성의 비상

이름은 완벽했어. 하지만 이제 타냐는 정확히 자신이 무엇을 만들고 싶은지 알아내야 했어……. 자기 같은 사람들을 하나로 묶어 줄 새로운 공동체를 만들고 싶다는 것은 알았어.

'우리가 충분히 결집하면 모두가 우리를 존중할 거야. 심지어 안젤로 미니도.'

문제는 모든 사람을 어떻게 실제로 연결하느냐였어. 한 시간 동안 타냐는 여러 아이디어를 두고 고민했어. 가상 현실 안경?

사람들이 안경을 쓰고 새로운 현실, 즉 기술 분야의 여성이 지배하는 현실을 '볼' 수 있다면?

'아니야…… 너무 비싸서 많은 여성이 살 수 없을 거야. 다음 선택지.'

타냐는 머릿속에 떠오르는 걸 공책에 닥치는 대로 적기 시작했어.

'작전명 여성의 비상 회의는 어떨까? 픽챗 같은 소셜 미디어 사이트에서 개최할 수도 있잖아.'

확실히 더 나아가긴 했지만 아직 답과는 거리가 있었어. 타냐는 이런 과정을 다섯 번이나 반복한 후에도 여전히 답을 찾지 못했어. 한숨을 쉬며 공책을 내려다봤지. 놀랍게도 그림 한 장이 타냐의 눈에 띄었는데, 타냐가 그린 것은 아마도 새로운 소셜 미디어 플랫폼처럼 보이는 '웹사이트?'의 내용을 몇 가지 뽑아 놓은 것이었어.

'잠깐, 바로 이거야! 새로운 종류의 소셜 미디어를 만들어야겠어.'

이름은 '작전명 여성의 비상Operation Women Rising' 또는 줄여서 'OWR'로 정했어. 기술과 창작을 사랑하는 멋진 여성들이 소통할 수 있는 멋진 방법이 될 것 같았지! 유일한 규칙은, 모두에게 친절해야 한다는 거야. 타냐는 수많은 친구를 사귈 테고 안젤로 미니는 교훈을 얻을 테니 모두가 득을 보는 멋진 프로젝트였어.

하지만 그러려면 할 일도 많았으니…… 이제 일을 시작할 시간이었어. 종이 울리고 타냐가 생물학 수업으로 향하는 동안 타냐 마음속에는 오직 한 가지, 새로운 웹사이트에 대한 생각뿐이었어.

'대단한 웹사이트가 될 거야.'

그 뒤 2주 동안, 타냐는 깨어 있는 거의 모든 시간을 그레이스로 작업을 하는 데 바쳤어. 학교에 가기 한 시간 전에 일어나서(평소라면 생각만 해도 몸서리쳤을 텐데) 그날 작업을 미리 준비하기 시작했지. 수업이 끝나자마자 서둘러 집으로 돌아와 부엌으로 가서 허겁지겁 간식을 먹고, 다 먹으면 곧바로 방으로 올라가 코딩, 코딩, 또 코딩의 마라톤을 이어 갔어. 매일 저녁, 타냐는 공책의 '작전명 여성의 비상' 페이지에 있는 웹사이트 개요 중에서 다 끝낸 부분을 지웠어.

하지만 안타깝게도 웹사이트 작업을 하며 학교에서 짜증 나는 말을 듣는 일이 훨씬 더 많아졌어. 반 아이들은 틈만 나면 타냐를 놀려 댔지. 에스파냐어 수업을 같이 듣는 한 남학생이 말했어.

"쟤는 진짜로 너무 이상해."

주변에 있던 몇몇 남학생이 웃었고 어떤 남학생은 이렇게 말했어.

"쟤는 사실상 여자보다는 컴퓨터에 더 가깝지."

타냐는 그런 말을 들으며 이를 갈았어.

'조나 어노이미, 조금만 기다려 봐라. 내가 혼쭐을 내 주마!'

그런 말은 타냐의 열정에 기름을 부을 뿐이었어. 타냐가 하는 일을 훨씬 더 중요하게 만들어 준 셈이지.

집에서도 처음에는 상황이 그다지 좋지 않았어. 일단 부모님은 타냐가 왜 그런 프로젝트를 하고 싶어 하는지 전혀 이해하지 못했어. 타냐가 얘기를 꺼내자 엄마는 한숨을 쉬었지.

"타냐, 좋은 아이디어 같구나. 하지만 엄마는 네가 다른 사람들 생각은 신경 쓰지 않는 줄 알았어. 내가 그런 사람들은 그냥 내버려두라고 하지 않았니?"

"엄마, 그냥 내버려둘 수 없는 것도 있어요! 내가 신경 쓰이는 문제 하나도 해결하지 못하면서 기술 천재가 되면 뭐 하겠어요? 아니면 나라는 사람이 존중받지 못한다면요? '작전명 여성의 비상'은 나만을 위한 게 아니에요. 이건 사람들이 여성을 바라보는 시각을 바꾸는 일이라고요. 그리고 기술을 바라보는 시각도요."

엄마가 놀란 얼굴로 타냐를 물끄러미 바라봤어.

"엄마는 말이야, 네가 지금보다 더 상처받거나 괴롭힘당하지 않기를 바랄 뿐이야……. 널 지켜 주고 싶어. 하지만 네 말이 맞다, 타냐."

엄마가 고개를 끄덕이며 말했어.

"이건 안 하기에는 너무 중요한 일이야."

부엌 건너편에서 아빠도 고개를 끄덕였지. 아빠가 엄마를 향해 말했어.

"이것 좀 봐! 타냐가 엄마한테서 활동가 자질을 물려받았나 보네!"

타냐의 엄마는 오랫동안 정당 위원과 지역 사회 운동가로 활동했어.

타냐는 문득 깨달았어.

'그래, 난…… 활동가야.'

타냐는 한 번도 자신을 그렇게 생각해 본 적이 없었지만, 처음으로 단순한 '기술자' 이상의 뭔가가 되고 싶었고, 실제로도 그랬어.

'그리고 난 그 사실이 정말 마음에 들어.'

일주일이 지나갔어. 피자 몇 판을 먹고, 매일 아침 일찍 일어나 코딩을 거듭한 끝에, 타냐는 마침내 작업을 끝냈어. 마지막 코드 덩어리를 작성하는 동안 마음속에서 뭔가가 샘솟는 걸 느꼈지.

```
if (user_status == "로그아웃") {
"방문해 주셔서 감사합니다!"
}
else {
"작전명 여성의 비상을 방문해 주셔서 감사합니다. 다음에는 무엇을
확인하시겠습니까?"
}
```

"끝!"
타냐가 중얼거리며 작업을 저장했어. 타냐는 정말로 해냈어! '작전명 여성의 비상'이 출범할 준비를 마친 거야.

타냐는 평소처럼 승리의 기쁨이 찾아오길 기다렸지만 어쩐 일인지 긴장감을 떨칠 수 없었어. 마치 가슴 한가운데에 구멍이

뻥 뚫린 것 같았거든.

'내가 왜 이러지?'

타냐는 그 느낌을 떨쳐 내려고 방 안을 서성거렸어. 하지만 갑자기 두려움과 의심에 사로잡혔지.

'이런 설정을 사람들이 좋아하지 않으면 어쩌지? 친구를 한 명도 만들지 못하면?'

그리고 아마도 가장 두려운 질문이 남았어.

'아무도 들어오지 않으면? 웹사이트가 실패하면…… 내가 실패하면 어떡하지?'

타냐는 뭔가를 이렇게까지 신경 써서 만들어 본 적이 없었어. 전에는 기술을 활용한 창작을 뭔가 '멋진' 걸 만드는 재미있는 방법으로만 여겼거든. 하지만 이제 그 기술은 뭔가 더 진지하고 더 깊이 있는 것, 즉 뭔가 중요한 걸 만드는 방법이었어.

'이건 꼭 성공해야 해.'

타냐는 실패했을 때 어떻게 해야 하는지 몰랐어.

교착 상태에 빠진 타냐는 남은 저녁 시간 동안 가장 좋아하는 간식인 초콜릿이 가득 든 마시멜로를 먹으며 스트레스를 풀었어. (엄마에게 입버릇처럼 말했듯이, 설탕은 타냐의 창작 과정에서 중요한 부분이었어! 안타깝게도 엄마는 아직 그걸 받아들이지 않았지만 말이야.) 타냐 앞에 놓인 그레이스에는 플랫폼 실행 버튼이 있었고, 클릭 한 번이면 웹에서 작전명 여성의 비상이 가동될 준비를 마친 상태였지. 하지만 어찌 된 일인지 프로그램을 실행할 엄두가 나지 않았어. 여전히 너무 두려웠거든. 타냐는 그레이스에게서 몸을 돌려 밖으로 나가며 생각했어.

'마시멜로를 좀 더 먹어야 할 것 같아.'

아래층에 있는 부엌의 냉장고를 지나치는데 냉장고 문에 새로운 사진이 붙어 있는 게 눈에 들어왔어.

'못 보던 사진이네. 저건 혹시⋯⋯?'

타냐는 천천히 사진으로 다가갔어. 그 사진은 엄마 고등학교 시절 모습이었어.

'엄청 달라 보이는걸.'

사진 속 엄마는 페미니스트라는 단어가 적힌 커다란 분홍색 티셔츠를 입고서 커다란 팻말을 들고 있었어. 팻말에는 다음과 같이 적혀 있었지.

'여성의 권리는 인권이다. 우리는 두렵지 않다!'

팻말을 바라보며 타냐는 마음속에서 뭔가 꿈틀거리는 걸 느꼈어.

'활동가는 두려워하지 않아.'

타냐는 정말로 활동가가 되고 싶다면 신념을 갖고 일단 해봐야 한다는 걸 깨달았어. 그러던 중 그레이스 호퍼가 좋아했던 명언이 떠올랐는데, 타냐가 가장 좋아하는 명언이기도 했어.

"항구에 있는 배는 안전하지만, 배는 정박을 위해 만들어진 것이 아니다."

'난 바다로 나가서 일을 해야 해.'

마시멜로를 까맣게 잊어버린 타냐는 다시 방으로 뛰어 올라갔어. 그러고는 용기를 내어 눈을 반쯤 감은 채로 그레이스에 손을 뻗어 시작 버튼을 눌렀어.

플랫폼이 활성화됐어! 타냐는 눈을 동그랗게 뜨고 웹페이지를 몇 번이나 새로고침 했지.

'사람들이 들어오나?'

자주 보는 기술 뉴스레터와 픽챗 그룹에 광고를 올려서 좋아요를 엄청나게 많이 받았어!

'제발 좀 들어와라.'

타냐는 조용히 기원했어. 마음속에서 끓어오르는 걱정을 애써 모른 척하며 남은 저녁 시간 동안 그레이스 곁에서 누군가, 심지어 단 한 명의 고독한 사람이라도 들어왔다는 소식을 알리는 윙윙 소리를 기다렸어. 하지만 세 시간이 지난 후에도 여전히 사용자가 0명이었어.

지치고 상심한 타냐는 침대에 쓰러졌어.

'난 너무 지쳤어. 그리고 망했어. 그래도 내일은 토요일이잖아.'

타냐는 행운의 스웨터를 갈아입을 생각도 하지 않은 채(결국 행운의 스웨터도 아닌 셈이었지) 침대 이불 속으로 기어 들어가서 그대로 잠이 들었어.

윙. 윙. 윙.

다음 날 아침, 타냐는 그레이스의 알림 소리에 잠에서 깼어. 비몽사몽간에 방 안을 가득 채운 햇빛에 눈도 제대로 뜨지 못한 채로 혼란스러워했지.

'뭐야?'

정신을 차리자마자 어젯밤의 실패가 떠올랐어.

'너무 굴욕적이었어.'

이 상황에서 긍정적인 면이 있을까? 타냐는 침대에서 팝콘을 먹으면서 〈컴퓨팅: 역사 다큐멘터리〉를 보며 하루를 보낼 계획이었어. 위로 파티를 열 자격이 있는 사람이 있다면, 그건 바로 타냐였지.

윙. 윙.

타냐는 한숨이 나왔어.

"그레이스가 왜 저러지? 어디 보자, 안젤로 미니와 전교생이 나한테 연애편지라도 더 보냈나?"

타냐는 비꼬듯이 혼잣말을 했어. 마음을 단단히 먹고 그레이스를 집어 들어 절전 모드를 해제했지.

곧바로 '작전명 여성의 비상' 플랫폼이 나타났어. 그리고 그 순간 타냐가 본 건 '작전명 여성의 비상'이 신규 사용자가 1,000명이라는 것이었어! 타냐는 눈을 몇 번이나 깜박였어. 타냐가 제대로 본 걸까? 코드에 버그가 있는 걸까? 해킹당한 건 아닐까? 도무지 믿을 수가 없었던 타냐는 얼른 플랫폼 홈페이지로 이동했고, 거기엔 모든 '작전명 여성의 비상' 사용자에 대한 공개 지도가 포함돼 있었어.

'엄마야, 세상에. 실패가 아니야!'

타냐가 첫 주에 '작전명 여성의 비상'에 참여하길 바란 인원은 기껏해야 100명이었어. 그런데 최신 집계에 따르면 단 열두 시간 만에 플랫폼 사용자가 1,001명에 이르렀어.

'그리고 이 사람들은 전 세계에서 왔어!'

심지어 아시아에서 온 사용자도 열다섯 명이나 있었어. 타냐는 충격을 받았지. '작전명 여성의 비상'은 실패가 아니라, 엄청난 성공을 거뒀어.

타냐는 가슴이 뛰었어. 너무 기뻐서 행운의 스웨터에게 속삭였지.

"네가 아직 행운을 가지고 있나 봐."

신이 난 타냐는 침대 위에서 조용한 음악에 맞춰 위아래로 뛰며 춤을 추기 시작했어.

'내가 해냈어, 해냈다고. 그래, 그래, 그래. 내가 해냈어, 해냈다고.'

방문이 열렸어. 엄마였지. 타냐는 갑자기 춤을 멈췄어.

"앗! 엄마, 안녕."

얼굴이 빨개진 채로 침대에 되는대로 눕자 엄마가 웃으며 말했어.

"그래, 안녕. 오늘 아침에는 기분이 좋아 보여서 다행이네. 빨래 가지러 왔어."

엄마는 미소를 지으며 얼른 문을 닫고 나갔지. 평소라면 타냐는 죽을 만큼 부끄러웠겠지만…… 오늘은 전혀 신경 쓰지 않았어. '작전명 여성의 비상'이 성공을 거뒀으니까! 다른 건 중요하지 않았어.

흥분이 가라앉자 타냐는 다시 그레이스를 들여다봤어.

'천 명(하고도 한 명)의 팔로워! 다들 어떤 사람인지 궁금하네.'

호기심이 발동한 타냐는 그레이스를 다시 열어 봤어. 그리고 '작전명 여성의 비상'에서 여성의 비상 피드를 클릭했어. 즉시 게시물 수백 개가 나타나기 시작했지.

타냐는 게시물을 읽으면서 깜짝 놀랐어. 이 여성들은 아주 멋지고, 상당수가 (초콜릿이 가득 든 마시멜로를 포함해서) 타냐와 똑같은 것을 좋아했기 때문이야. 그리고 솔직히 말해 그 여성들은 타냐보다 훨씬 더 재능이 있었어(받아들이기 조금 힘들었지만 말이야). 그중에서 캘리포니아 출신 카리시마 핫샷(@Karish)의 게시물을 한번 볼까.

여러분, 안녕하세요! 저는 카리시마 H.입니다. 14세이고, 현재 자율 주행 자동차를 만들고 있습니다. 코딩과 로봇, 그리고 당연히 정크 푸드를 좋아해요! 만나서 반가워요!♥

타냐는 미소를 지으며 카리시마가 올린 게시물에 '좋아요'를 눌렀어.
'정말 멋있다.'
잠시 뒤, 타냐의 '작전명 여성의 비상' 메시지함에 카리시마가 보낸 메시지가 나타났어! 타냐는 흥분해서 바로 클릭했지.

@Karish 안녕, 안녕, 안녕! '작전명 여성의 비상'이라니, 정말 멋져요. 놀랍네요. 그건 그렇고 전 카리시마예요!

타냐는 환하게 웃었어.

'다른 사람이 나를 멋지다고 해 주다니.'

그건 분명히 타냐가 매일 듣는 말은 아니었어!

@Tanya_TechGoddess 세상에, 안녕하세요! 정말 고마워요. '작전명 여성의 비상'에 오신 걸 환영합니다!

@Karish 그런데 제가 이걸 제 픽챗에 공유해도 될까요? 전 팔로워가 많아서 더 많은 사람이 참여할 수 있을 것 같아요!

@Tanya_TechGoddess 좋죠. 네, 그렇게 해 주세요.

'팔로워가 많다고?'

타냐는 휴대 전화를 들고 픽챗을 열어서 카리시마의 이름을 입력했어. 즉시 프로필이 떴지. 타냐는 입이 떡 벌어졌어.

'우아, 잠깐. 팔로워가 300만 명?'

그제야 타냐는 카리시마 핫샷이 유명 배우 핫티 핫샷의 딸이라는 사실을 깨달았어! 핫티는 지금까지 유명한 영화만 골라서 출연한 배우인데(모스카상을 세 번이나 받았다고!) 지금 그의 딸이 '작전명 여성의 비상'을 사용하고 있었어!

'내가 만든 플랫폼을!'

갑자기 타냐는 안젤로 미니가 떠올랐어.

'안젤로가 지금 나를 봐야 하는 건데!'

타냐는 그냥 친구가 아니라 카리사마 핫샷과 친구가 됐어.

안젤로 얘기가 나와서 말인데, 타냐는 재빨리 픽챗에서 카리시마의 팔로워를 확인했어. 아니나 다를까, 안젤로가 있었어. '@coolangelomeeny가 카리시마를 팔로우합니다!' 타냐는 생각했어.

'완벽해.'

안젤로는 곧 다음과 같은 교훈을 얻게 될 거야.

'타냐 테크구루를 건들지 마!'

그날 오후, '작전명 여성의 비상'에서 몇 시간을 보낸 뒤 타냐는 이 모든 이야기를 부모님 앞에서 중계방송했어.

"그리고 여러분, 오늘 오후……."

타냐는 재빨리 그레이스를 훔쳐봤어.

"세 시 오 분 현재… 작전명 여성의 비상 사용자는… 잠깐만요…… 오만 명입니다!"

카리시마의 게시물 덕에 플랫폼이 입소문을 탔거든.

"제가 지금까지 만든 것 중 단연 최고예요."

타냐는 여전히 이 상황이 믿기지 않았어.

'단순히 성공했기 때문이 아니라, 플랫폼의 여성들이 정말로 최고니까.'

타냐는 마침내 자신의 그룹을 찾아냈어.

"정말 놀랍구나, 우리 딸."

아빠가 말하자 타냐 옆에 있던 엄마가 고개를 끄덕였지.

"정말 자랑스럽다. 특히, 내가 틀렸다는 걸 네가 알아내서 더 그렇구나."

엄마가 진지하게 말했어. 잠시 뒤, 엄마는 짐짓 한숨을 내쉬는 척했지.

"그래서 내가 네 동생을 더 좋아하는 거야."

모두가 함께 웃었어. 엄마가 핸드백을 들며 말했어.

"자, 난 이제 집회에 나가 봐야겠다. 이따 저녁 때 보자."

다시 위층으로 올라가려던 타냐가 갑자기 걸음을 멈췄어.

'잠깐, 집회?'

평소 같으면 별로 신경 쓰지 않았겠지만 오늘은 어쩐지 관심이 쏠렸어.

"엄마, 무슨 집회인데요?"

"'자립을 위하여'라는 집회인데, 마을 노숙자를 위한 기금을 모으고 있어."

엄마가 설명했어. '자립을 위하여'는 엄마가 일하는 비영리 단체였어.

"우리는 집회가 관심을 충분히 받아서 사람들이 돈을 더 많이 기부하기를 바라고 있단다."

엄마가 한숨을 쉬었어.

"사람들이 나중에도 계속 기부하게 만들기란 정말 힘들어. 사람들은 문제가 '보이지' 않으면 신경을 쓰지 않아. 어려운 사람들은 여전히 존재하는데 말이야."

엄마가 격분했어. 타냐는 얼굴을 찡그렸지.

'더 나은 방법이 있을 거야.'

때마침 좋은 아이디어가 떠올랐어.

"잠깐만요!"

타냐가 소리를 질렀어. 엄마는 놀란 얼굴로 타냐를 올려봤지.

"제가 뭔가를 만들면 어때요? 기부를 돕기 위해서요! 노숙자 이야기를 공유하는 플랫폼을 만들어서 거기에 돈이 어떻게 쓰이는지 보여 주는 도표를 넣는 거예요."

엄마의 눈이 빛났어.

"타냐! 그거 정말 놀라운 아이디어인걸! 나는 왜 여태 그런 생각을 못 했을까?"

타냐는 웃으며 말했어.

"좋다는 뜻으로 받아들일게요. 그럼 저도 집회에 같이 가 봐야겠네요. 코트하고 그레이스만 챙길게요!"

엄마가 당황한 듯 말했어.

"잠깐, 너도 집회에 가겠다고?"

타냐가 대답했어.

"전 활동가잖아요, 그렇죠?"

엄마가 잠시 뜸을 들이더니 활짝 웃었어.

"그렇고 말고, 타냐."

두 사람은 하이 파이브를 했어. 엄마가 말했지.

"그래, 그래…… 얘기는 여기까지 하고. 이제 행동할 시간이야. 가자!"

타냐가 현관문으로 달려갔어.

'그레이스, 한번 해 보자.'

타냐는 컴퓨터를 내려다보며 생각했어. 타냐와 그레이스는 힘을 합치면 만능이었고, 그 힘을 선하게 사용할 준비가 돼 있었어.

도전! 디지털 챌린지

6장을 마친 걸 축하해! 신입 활동가이든, 창작자이든, 탐험가이든, 너희는 변화를 일으키는 데 한 걸음 더 다가간 거야.

천재적인 아이큐를 가지고 있지는 않더라도 우리는 각자 재능이나 관심사, 즉 열정을 느끼는 뭔가를 가지고 있어. 6장에서 읽었듯이 타냐의 경우, 그 열정은 창작이지. 기술을 활용해서 사탕 로켓부터 미술 숙제 시뮬레이터에 이르기까지 정말 멋진 것들을 만들어 내잖아.

6장의 이야기 속에는 중요한 교훈이 있어. 예를 들어 타냐는 학교에서 성에 대한 편견과 조롱을 겪으며 느낀 좌절감 때문에 '작전명 여성의 비상'을 만들기로 결심했어. 안젤로 미니는 그냥 못된 게 아니라, 기술은 여자를 위한 것이 아니라고 생각했어! **타냐는 안젤로가 틀렸다는 것을 확실히 증명했고 그 과정에서 기술을 활용한 창작이 단순한 취미를 넘어 세상을 더 나은 곳으로 만들 수 있다는 걸 알게 됐지.** 실제로 타냐는 작전명 여성의 비상 계획을 실행에 옮기면서, 자신의 활동가 기질과 변화에 대한 깊은 열망을 발견했어. 그리고 앞서 살펴본 바와 같이, 기술은 이를 위한 놀라운 수단이었지.

이 장을 마치고 타냐의 이야기를 읽었으니, 이제 기술을 활용해 세상을 변화시키는 사람이 되기 위한 발걸음을 내디딜 때야. 기술을 활용해서 자신과 주변 사람들의 관심사를 지원할 방법을 다른 사람들과 함께 고민하고 그걸 실행에 옮겨 봐. 지역 스포츠 팀을 위한 온라인 모금 행사를 열거나, 어버이날을 맞아 부모님을 위한 동영상을 만드는 것처럼 간단한 일부터 시작할 수 있어.

단, 규칙이 하나 있어. 기술을 선한 목적으로 사용하는 것의 힘을 세상에 보여 줘. 그런 노력을 소셜 미디어에 공유할 때, 해시태그 #선한기술을 사용해!

과학자들에 따르면,
휴대 전화를 오래 사용했을 때
실제로 행복감이 떨어질 수 있어.
늘 휴대 전화만 바라보느라
실제 대화는 나누지 못하고
일상생활도 소홀해지기 쉽지.

기술은 우리 삶을 더 낫게 만들 때
좋은 거야. 그렇지 않고 기술이
우리 삶을 대체하도록 내버려둔다면
심각한 해를 끼칠 수 있어.

7장
삶을 대체할 수 없어

난 마음만 먹으면 온종일 휴대 전화만 바라볼 수도 있어. (그리고 솔직히 말하자면, 가끔 그렇게 느껴질 때도 있어! 😆) 틱톡에서 가장 인기 있는 레니게이드 댄스도 익히고, 게임도 하고, 친구와 문자를 주고받아야 해. (그리고 내 인생의 위기에 대해 즉시 의견을 제시하지 않는다면 좋은 친구라고 할 수 없겠지?) 그러니 다음과 같은 의문을 품는 건 당연한 일이야.

'휴대 전화를 오래 사용하는 게 어때서?'

음……. 일단 휴대 전화를 너무 오래 사용하면 건강에 좋지 않아. 과학자들에 따르면, 휴대 전화를 오래 사용했을 때 실제로 행복감이 떨어질 수 있고(아무도 원하지 않는 일이지!), 잠들기가 힘들어질 수도 있어(나처럼 #낮잠게임에 빠져 있다면 심각한 문제가 될 수 있지).

더 심각한 문제는, 휴대 전화를 너무 오래 사용하면 휴대 전화가 우리 삶을 대체해 버릴 수도 있다는 거야. 기술은 우리 삶을 더 낫게 만들 때 좋은 거야. 우정이나 관심사 같은, 우리 삶의 모든 것을 기술이 훨씬 낫게 만들어 줄 수 있으니까. 필요할 때 친구에게 문자를 보낼 수 있으면 정말 좋지만, 휴대 전화에 시간을 너무 많이 할애하면 곧 친구와 시간을 함께 보내는 대신 친구에게 문자만 보내게 될 거야(그런데 우정에 진짜로 필요한 건 함께하는 시간이지).

중학교 1학년이 되기 전 여름에 내 절친과 나는 마침내 휴대 전화를 갖게 돼서 서로 시도 때도 없이 문자를 주고받기 시작했어. 하지만 우리는 함께 어울리거나 우리가 좋아했던 것(영화 보기, 짝사랑에 대해 수다 떨기, 아이스크림 많이 먹기)을 할 시간을 내지 못했지. 개학했을 때 우리는 마치 서로 모르는 사람처럼 뭔가 낯설었고 그건 최악의 경험이었어. 😢

내 말을 믿어. 휴대 전화가 우리 삶을 지배하도록 내버려두어선 안 돼. 휴대 전화(또는 다른 기기)를 사용하는 시간을 신중하게 생각해 보는 게 좋아.

캘빈 맥베스티는 얼굴에서 흘러내리는 끈적한 땀을 닦아 냈어. 캘빈은 숨을 고르려고 코트 중간에 잠시 멈춰 섰지. 육체적으로 정신적으로 지친 상태였어.

'정신 차리자. 지금부터가 진짜야.'

머리 위의 전광판 시계가 0:15를 나타냈어.

'경기 시간이 15초밖에 남지 않았어.'

점수판을 힐끗 봤지. 블루리지 팬시 팬츠 91, 우드론 트루퍼스 90.

'이번이 트루퍼스의 마지막 기회야.'

관중은 흥분으로 들썩였고, 시야의 끝자락 관중석에서 팻말을 들고 응원하는 엄마의 모습이 들어왔어.

"트루퍼스 농구팀 파이팅!"

심판의 호루라기 소리가 울린 뒤 타이론 프렌드가 트루퍼스 팀의 포인트 가드인 폴 폰러버에게 공을 패스했어. 곧바로 시계가 카운트다운을 시작했지. 폴은 재빨리 공을 몰며 코트를 질주했고, 자유투 라인에서 멈칫하더니 슛을 던지려는 자세를 취했어. 관중은 숨을 죽이고 지켜봤지. 그 순간 갑자기 폴이 캘빈과 눈빛을 교환했어. 캘빈이 씩 웃었지.

'난 그 표정을 알지.'

잠시 뒤, 폴은 슛을 던지는 척하며 팬시 팬츠의 수비수를 엉뚱한 방향으로 보냈고 그 틈에 공을 캘빈에게 패스했어.

'이제 모든 건 나한테 달렸어.'

관중이 함성을 지르는 동안 캘빈은 몸을 빙글 돌리고 숨을 내쉰 뒤, 그물을 향해 공을 날려 보냈어. 그 순간 모든 게 느려지는 것 같았고 공이 골대를 향해 날아가는 동안 캘빈은 간절히 기도했어.

'제발 들어가라.'

그리고 철썩 소리가 났지. 캘빈이 슛을 넣었어!

"깨끗한 슛이야!"

한 관중이 소리쳤어. 관중석에서 환호성이 터져 나올 때, 캘빈은 버저 소리를 들었지. 캘빈이 해냈어.

'트루퍼스 팀이 이겼다!'

잠시 뒤 팀 동료들이 모두 캘빈의 이름을 외치며 달려들었어.

"잘했어, 친구!"

타이론이 등을 두드려 주며 소리쳤어. 팀원이 모두 웃으며 환호했어. 넉 달 동안 혹독하게 연습한 뒤 맛보는 승리라 더욱 달콤했지.

캘빈은 두리번거리며 누군가를 찾았어.

'저기 있다.'

폴이었어! 두 사람은 서로를 향해 달려가다가 코트 한가운데서 부딪히자 펄쩍펄쩍 뛰기 시작했어. 폴이 소리쳤어.

"캘빈, 네가 해냈어!"

캘빈이 공중에서 대답했지.

"너도 멋졌어! 다 네 덕이지. 넌 패스의 달인이야!"

그때 누군가 두 사람에게 인사를 건넸어.

"안녕하세요."

두 사람은 점프를 멈췄어. 왼쪽에 열정이 넘쳐 보이는 중년 여성이 큰 메모장을 들고 있었고 그 뒤로 카메라 스태프가 서 있었어.

"전 우드론 뉴스 팀 기자 어베이야 센티넬입니다. 내일 아침 방송 코너에 여러분을 출연시키고 싶은데, 지금 잠깐 인터뷰 가능할까요?"

원래 주목받는 걸 피하는 편이었던 캘빈이 망설였어. 그런데 폴이 캘빈을 붙잡고 카메라 앞에 세웠어. 폴이 웃으며 말했지.

"물론이죠! 가능해요. 캘빈, 그렇지?"

폴이 캘빈의 등을 툭 치며 말했어. 캘빈은 어깨를 으쓱하며 생각했지.

'돌겠네.'

"좋아요! 첫 번째 질문은……."

기자가 수첩을 뒤적였어.

"마지막 슛에 대해 말해 줄래요? 15초 동안 일어난 일에 대해서요. 어떻게 둘이 협력해서 그 플레이를 실행했죠? 전에 연습한 적이 있나요? 남다른 팀워크가 필요해 보였는데요."

기자가 캘빈에게 마이크를 건넸어.

"어……."

캘빈이 말을 더듬었어. 얼굴이 빨개지는 게 느껴졌지.

'생각을 해, 캘빈. 아무 말이라도 하라고!'

갑자기 폴이 마이크를 낚아챘어.

"자, 제가 어시스트를 할 차례네요!"

폴이 농담을 했지. 캘빈은 미소를 지으며 고개를 숙였어.

'이게 바로 내가 폴과 손발이 잘 맞는 이유지. 폴은 언제나 내 뒤를 받쳐 주고…… 말이 많으니까.'

폴이 힘차게 손을 흔들며 계속 말했어.

"간단해요. 캘빈은 제 가장 친한 친구이고, 그게 코트에서 큰 장점이 돼요. 우리는 눈빛만 봐도 서로를 읽을 수 있으니까요. 사실 그 플레이는 한 번도 연습해 본 적 없었어요."

폴이 그렇게 말하며 캘빈을 바라보자 캘빈이 고개를 끄덕였어.

"하지만 농구는 팀워크와 협동이 가장 중요하죠. 오늘 밤 우리가 이긴 건 우리가 최고의 팀이기 때문이에요!"

주위에서 몇몇 팬이 환호했어. 캘빈은 생각했지.

'폴은 언젠가 우드론의 시장이 될 거야.'

"컷!"

기자가 외쳤어. 그리고 폴을 똑바로 쳐다보며 말했지.

"와, 정말 완벽했어요! 정말 대단해요."

폴이 웃었어. 그리고 고개를 갸우뚱하며 말했지.

"그 말은, 우리 둘 다 대단하다는 뜻으로 받아들일게요."

캘빈은 폴이 기자에게 한 방 먹였다고 생각했어. 기자는 말문이 막혔지.

"아… 네, 그렇죠! 물론이죠! 제 말이 바로 그 말이에요."

그 반응에 폴이 귀엽게 웃었어.

"자, 그럼 가자, 캘빈!"

두 사람은 사물함으로 달려가면서 웃음을 터뜨렸어.

캘빈과 폴 1 : 기자 0

캘빈은 기억나는 한 거의 모든 일을 가장 친한 친구인 폴과 함께해 왔어. 둘은 초등학교 1학년 때 처음 만났는데, 읽기 담

당 스티클러 선생님을 똑같이 너무 싫어해서 친해졌어. 그래서 1학년 마지막 날에 스티클러 선생님 교실에 부비 트랩을 설치했고, 그 일로 나란히 정학을 받으면서 폴의 표현대로 '아름다운 우정'이 탄생했지.

폴과 캘빈은 항상 붙어 다녔기 때문에 학교 사람들은 두 사람을 우스갯소리로 '폴빈'이라고 불렀어. 둘은 이웃이었고, 같이 중학교 1학년 수업을 들었으며, 우드론 중학교 농구 대표팀이었고, 행진 악대에서도 활동했어(둘 다 트럼펫을 연주했지). 그리고 주말에는 지역 비디오 게임 상점인 비디오 월드에서 몇 시간 동안 토너먼트 대결을 펼치곤 했어(물론 팀 이름은 폴빈이었고!).

이번 농구 대회 우승은 폴빈이 거둔 여러 성과 중 최신 성과였어! 그래서 캘빈은 큰 경기가 끝난 뒤 월요일에 엄마가 학교에 데려다줬을 때 기분이 매우 좋았어. 그날은 전교생이 모여 지역 농구 대회 우승 트로피를 들어 올리는 축하 단합 대회가 열리는 날이었어. 공교롭게도 그날이 폴의 생일이기도 했으니 폴의 말마따나 '축하를 두 배로!' 해야 했지.

캘빈은 곧바로 C동으로 향했어. 그곳은 폴과 타이론, 그리고 다른 팀원들이 1교시가 시작하기 전에 주로 어울리는 곳이었거든. 그런데 그곳에 도착했을 때 타이론과 다른 친구 라몬은 보였지만, 폴은 보이지 않았어.

'흠, 폴은 보통 여기 오는데. 특히 생일에는.'

캘빈이 타이론에게 물었어.

"야, 폴 봤어?"

타이론이 고개를 저었어.

1교시 생물학 시간에도 폴은 자리에 없었어.

'이상하네······.'

수업이 끝날 무렵이 돼서야 폴이 반 친구들의 박수와 환호를
받으며 교실로 들어왔어. 라몬이 외쳤지.

"가자, 트루퍼스!"

하드하트 선생님은 불쾌한 표정으로 팔짱을 꼈어.

"폰러버 군, 우승을 축하하네. 하지만 그렇다고 해서 수업에
빠지는 걸 봐줄 수는 없어."

폴이 언제나처럼 귀엽게 웃었어.

"하드하트 선생님, 여기 사유서가 있어요."

그러면서 사유서를 선생님께 내밀었지. 선생님은 사유서를
받으며 눈을 흘겼어.

선생님이 까칠하게 말했지.

"자리에 앉아."

캘빈은 폴이 옆자리에 앉자 외쳤어.

"야! 생일 축하해! 그리고 하드하트 선생님이 널 그렇게 미워

하는 줄 몰랐어."

둘 다 웃음을 터뜨렸지.

"왜 늦었어? 뭘 했길래?"

폴이 씩 웃었어.

"부모님이 생일 선물로 수업을 빼먹고 팬케이크 하우스에서 아침을 먹게 해 줬어."

캘빈은 신음이 새어 나올 만큼 샘이 났어. 팬케이크 하우스는 최고의 팬케이크 가게였거든. 캘빈은 트리플 초콜릿 딜라이트를 생각하는 것만으로도 현기증이 났어.

"우아! 폴, 넌 진짜 운이 좋은 줄 알아라."

캘빈은 그날 아침 식사 시간에 늦어서 엄마한테 야단을 맞았거든(야단맞아도 싸지). 폴이 하드하트 선생님을 힐끗 쳐다봤어.

"그게 끝이 아니야! 부모님이 또 뭘 해 줬냐면……."

폴은 가방에 손을 넣더니 살그머니 뭔가를 꺼냈어. 캘빈이 곁눈질을 했지. 폴이 휴대 전화를 흔들며 말했어.

"휴대 전화야! 드디어 사 주셨어!"

캘빈은 속으로 깜짝 놀랐고 질투심이 솟구쳤어.

'휴대 전화? 폴이 휴대 전화가 생겼다고?'

캘빈도 몇 년 동안 엄마에게 휴대 전화를 사 달라고 졸랐지만, 엄마는 "넌 아직 준비가 안 됐어."라며 단호하게 거절했어.

그때 이미 같은 학년 아이들은 대부분 휴대 전화를 가지고 있을 때였어. 그때만 해도 최악의 상황은 아니었지. 왜냐하면 폴도 휴대 전화가 없었으니까. 하지만 이제 폴에게 휴대 전화가 생겼어!

'이건 공평하지 않아!'

폴을 생각하면 함께 기뻐해야 한다는 걸 알았지만 어쩔 수 없었어. 이건 정말 짜증 나는 일이었지. 설상가상으로 폴은 캘빈의 마음을 거의 읽지 못했어. 새 휴대 전화를 보느라 너무 바빴거든!

"야, 이것 좀 봐. 진짜 대단해. 라몬이나 타이론처럼 내가 원하는 사람한테 맘대로 문자를 보낼 수 있어. 게다가 벌써 게임도 엄청 많이 다운로드했어. 포트리스 다이너마이트도!"

캘빈이 갑자기 고개를 들어 허공을 바라봤어.

'아, 안 돼. 제발 말하지 마.'

포트리스 다이너마이트는 두 사람이 비디오 월드에서 가장 좋아하는 비디오 게임이었어.

"휴대 전화로 포트리스 다이너마이트를 할 수 있다고?"

캘빈이 못 믿겠다는 듯 묻자 폴이 고개를 격하게 끄덕였어.

"그렇다니까! 무작위로 다른 플레이어랑 매칭시켜 줘. 그리고 솔직히……."

폴이 목소리를 낮췄어.

"비디오 월드를 완전 능가해. 최고야."

폴은 문자를 확인하느라 목소리가 잦아들었어. 캘빈은 속에서 걱정이 부글부글 끓어올라서 한숨을 깊이 내쉬었어. 왜 갑자기 모든 게 변하는 것처럼 느껴졌을까? 캘빈의 머릿속 목소리가 말했어.

'왜냐하면 실제로 그렇기 때문이지. 폴은 이제 너 없이 포트리스 다이너마이트를 하게 될 거야. 곧, 폴은 네가 아니라 라몬이나 타이론과 어울리겠지.'

"이봐요? 여보세요?"

캘빈이 눈을 깜박였어. 폴이 캘빈의 얼굴 앞에서 손을 흔들며 말했어.

"캘빈, 듣고 있어? 캘빈, 정신 차려."

캘빈이 살짝 웃었어. 폴이 의아한 목소리로 물었지.

"왜 그래?"

캘빈이 어깨를 으쓱하며 말했어.

"아무것도 아니야! 무슨 문제 있겠어?"

폴이 혀를 찼어.

"아, 엄마가 안 사 줘서 그래? 휴대 전화를?"

캘빈이 눈길을 돌렸어. 폴이 단호하게 말했지.

"야, 이건 그냥 전화기야. 별거 아니라고. 너도 휴대 전화가 생길지도 몰라!"

캘빈은 당황했어.

'응? 도대체 무슨 소리를 하는 거지?'

폴이 설명했어.

"너희 엄마한테 내가 휴대 전화를 샀다고 말하면, 너희 엄마가 너한테도 휴대 전화를 사 주실지도 모르잖아. 이건 너한테도 기회야!"

캘빈은 그런 생각을 해 본 적이 없었어. 그러고 보니 어째 상황이 그렇게 나쁘지만은 않아 보였어. 일이 잘 풀리면 모두에게 좋은 일이 될 수 있을 것 같았지.

'그래, 엄마한테 폴이 휴대 전화를 샀다고 말하면, 엄마가 나도 휴대 전화가 필요하다는 걸 깨닫겠지. 어쩌면 폴의 어머니가 우리 엄마를 설득하는 데 도움을 주실지도 몰라!'

캘빈은 다시 기분이 좋아졌어. 그리고 엄마가 마침내 캘빈이 휴대 전화를 소유하는 게 당연하다는 걸 받아들이는 모습을 상상했지. 이제 폴은 생물학 시간에 매일 캘빈과 포트리스 다이너마이트를 하게 되겠네!

'정말 굉장할 거야.'

캘빈과 폴 1 : 휴대 전화 0

"안 돼, 캘빈. 백 번을 말해도 안 돼. 그게 최종 결론이야."

캘빈의 엄마가 고개를 단호히 저으며 부엌으로 돌아갔어.

캘빈은 거실 소파의 푹신한 쿠션에 몸을 파묻었어.

잠시 뒤, 캘빈은 다시 일어나 엄마를 뒤쫓으며 다급한 목소리로 말했지.

"엄마, 제발요! 엄마가 이해를 못 하시는 거예요. 전 휴대 전화가 필요해요. 휴대 전화를 사지 못하면, 저는 곧 전 학년에서 휴대 전화가 없는 유일한 학생이 될 거예요. 정말 제가 그렇게 되길 원하세요? 폴의 어머니는 폴이 준비가 됐다고 생각하시는데, 엄마는 왜 제가 준비가 안 됐다고 생각하세요?"

엄마가 한숨을 쉬었어.

"솔직히, 나는 폴 부모님의 결정에 동의하지 않아. 하지만 그건 내 소관이 아니지. 그렇지만 여기는……."

엄마가 집 안을 가리켰어.

"달라. 여기는 내 집이니까, 규칙은 내가 정해. 대화 끝."

캘빈이 엄마를 외면했어.

"이제 행주 들고, 엄마 설거지나 도와."

'엄마는 내가 엄마를 미워하길 바라나?'

말없이 저녁 식사를 마친 캘빈은 화가 나고 실망한 채 방으로 돌아왔어. 엄마는 캘빈이 전교에서 가장 시대에 뒤떨어진 아이가 되길 바란 걸까?

'엄마는 내가 딱 그렇게 되기를 바라고 있지.'

캘빈은 생물학 숙제를 하려고 했지만 집중할 수가 없었어. 폴과 엄마, 그리고 이 모든 일이 부당하다는 생각뿐이었어. 그중에서도 최악은, 이 일에 대해 캘빈이 할 수 있는 게 아무것도 없다는 거였지.

한 시간이 지나도록 숙제는 전혀 진전이 없었고…… 해가 지기 시작했어.

'잊어버리자.'

캘빈은 숙제를 가방에 쑤셔 넣었어. 캘빈이 동물 세포 구조를 알아 봤자 언제 써먹겠어? 캘빈은 마음을 진정시켜 줄 유일한 방법인 농구를 하고 싶었어. 그래서 ("네, 엄마. 숙제 다 했어요!"라고 거짓말을 하고) 폴의 집으로 향했지. 캘빈은 폴과 농구를 하고 나면 마음이 풀릴 거라고 생각했어.

폴의 어머니가 문을 열고 활짝 웃으셨어.

"안녕, 캘빈! 큰 경기에서 이긴 걸 다시 한번 축하한다! 잘 지냈니?"

캘빈이 미소를 지었어.

"감사합니다. 잘 지냈어요. 폴 집에 있나요? 같이 농구 좀 할까 해서요."

"아……."

폴의 어머니가 고개를 갸웃했어.

"폴이 지금 친구와 통화를 하고 있어서 시간이 없을 것 같은데. 농구는 내일 하는 게 어때?"

캘빈은 갑자기 가슴속에서 분노가 치밀어 올랐지만, 억지로 웃으며 말했어.

"네, 물론이죠. 고맙습니다. 안녕히 계세요."

집으로 돌아가는 길에 캘빈은 분을 못 삭이고 돌을 걷어차서 발가락을 다쳤어. 남은 길을 절뚝이며 걷다가 계단을 올라가서 방 침대에 쓰러졌어. 발이 빨갛게 부어올랐지.

'이런…… 비볼 감독님이 분명히 화낼 텐데. 제발 내일이면 좀 낫기를.'

기진맥진한 캘빈은 곧바로 잠이 들었어.

불행하게도, 다음 날 아침 캘빈은 자신의 소원이 이루어지지 않았다는 사실을 금방 깨달았어. 돌을 걷어찬 발이 낫지 않아 농구 코트에서 뛸 수가 없었거든. 비볼 감독님은 캘빈의 발을 바라보며 한숨을 쉬었어.

"캘빈, 도대체 무슨 짓을 한 거야? 몸 상태가 제일 중요하다

고 분명히 말했잖아. 넌 코트에 나가서 다음 시즌을 준비해야
한다고!"

감독님은 고개를 저었어.

"그래그래, 좋아. 오늘은 많이 뛰지 말고 훈련하자. 폴이랑 같
이 자유투 연습을 해. 폴한테 패스를 받으면 움직이지 않아도
되니까. 말이 나왔으니 말인데……"

감독님은 체육관을 휘휘 둘러봤어.

"폴은 어딨어?"

캘빈은 전혀 알지 못했어. 폴은 평소 연습에 늦는 법이 없었
거든. 캘빈은 의아했고, 솔직히 좀 걱정도 됐어.

'무슨 일이 생겼나? 심각한 일이면 어쩌지?'

캘빈은 자신이 해야 할 일을 알고 있었어. 오전 내내 피하려
고 했던 일을 해야만 했지. 캘빈은 한숨을 쉬고는 코트를 가로
질러 소리쳤어.

"야, 라몬!"

라몬이 고개를 들었어.

"폴 어디 있는지 알아? 너희 둘이 휴대 전화로 문자를 주고받
았을 거 아냐?"

라몬이 웃었어.

"그래! 어제 폴이랑 밤 늦게까지 문자 주고받았지. 어젯밤에

폴이 유자 큐티한테 문자를 보냈어. 너도 알걸? 우리와 영어 수업을 같이 듣는 정말 착한 여자애 말이야. 폴은 밤 열한 시까지 잠도 안 잤어. 폴이 걔를 엄청 좋아해!"

라몬이 놀리는 듯한 목소리로 말했어.

"그러니까 굳이 추측하자면, 폴은 알람 맞추는 걸 깜박했을 거야."

캘빈은 믿을 수가 없었어.

'말도 안 돼! 폴이 이제 여자를 사귄다고? 그런데 여자를 사귀는 데 필요한 게 그 멍청한 휴대 전화뿐이라고?'

더 중요한 건 폴이 왜 아무 말도 하지 않았느냐는 거였어. 캘빈은 이 상황을 도대체 어떻게 받아들여야 할지 몰랐지. 그저 이 모든 상황이 싫기만 했어.

호랑이도 제 말 하면 온다더니, 때마침 체육관 문이 열리고 폴이 뛰어들어 왔어. 캘빈 옆에 있던 비볼 감독님이 펄쩍 뛰며 소리를 질렀어.

"폴! 당장 교무실로 와!"

그러고는 혼잣말로 중얼거렸어.

"우리 팀 스타 선수들이 오늘 왜 다 이 모양이야?"

이 말을 하면서 비볼 감독님은 캘빈을 힐끗 쳐다봤고, 캘빈은 고개를 푹 숙일 수밖에 없었어.

그날 이후 캘빈은 폴과 잠시라도 시간을 같이 보내려고 애썼지만 그런 일은 일어나지 않을 것처럼 보였어. 폴은 평소 캘빈과 어울리던 장소에 오지 않았고, 모든 수업에 지각했으며, 매번 종이 울리자마자 교실을 떠났어("미안해, 화장실에 가야 해서"). 방과 후에는 밴드 연습을 빼먹어야 한다고 말해서 캘빈은 이마를 찡그리며 폴에게 물었어.

　　"잠깐만, 왜?"

　　폴이 머뭇거렸어.

　　"음…… 어, 몸이 별로 좋지 않은 것 같아."

　　캘빈은 기분이 확 나빠졌지만 그래도 이렇게 말했어.

　　"아, 큰일이네. 어떡하냐."

　　폴이 어깨를 으쓱했어.

　　"별거 아냐. 금방 괜찮아질 거야."

　　"그래, 그럼 오늘 밤에 농구할래?"

　　윙.

　　폴이 주머니에 손을 넣어 휴대 전화를 꺼냈어. 얼굴이 환해지더니 웃기 시작했지.

　　"와, 세상에! 라몬이 방금 포트리스 다이너마이트에서 다음 레벨로 올라갔대!"

　　폴은 캘빈을 힐끗 돌아보며 마치 친구가 거기 서 있는 걸 잊고 있던 것처럼 말했어.

"미안, 뭐라고 했어?"

폴은 여전히 휴대 전화만 뚫어져라 바라보며 물었어.

캘빈이 고개를 떨궜어.

"난, 어…… 농구를 할 거냐고 물었어."

폴이 망설였어.

"음……. 그게 말이야, 네가 원하면 할 수도 있지만, 너도 알다시피 내가 몸이 좀 안 좋아서. 무슨 말인지 알지?"

폴의 대답을 듣고 캘빈은 생각했어.

'그럼 그렇지.'

캘빈은 폴의 등을 두드려 줬어.

"물론이지! 미안, 얼른 나아."

"고마워! 나중에 얘기하자."

폴은 그렇게 말하더니 곧장 가 버렸어.

밴드 연습실로 걸어가면서 캘빈은 심호흡을 몇 차례 했어. 한편으로 좀 씁쓸했지.

'오늘 밤에는 폴이랑 농구도 하면서 같이 놀고 싶었는데.'

하지만 다른 한편으로는 그래, 어쩌면 캘빈이 일을 너무 크게 부풀려 생각하는지도 모르지. 실제로 폴이 아팠고, 그래서 정말 정신이 없었는지도 모르잖아. 설령 그렇지 않더라도, 사실 폴이 새 휴대 전화 때문에 흥분한 걸 탓할 수는 없었어. 캘빈은 자기도 새 휴대 전화가 생겼으면 폴처럼 정말 신났을 거라는 걸 알고 있었으니까. 게다가 캘빈이 그렇게 걱정할 이유가 뭐 있겠어? 둘은 영원한 절친인데. 휴대 전화가 그 사실을 바꿀 수도 없고 바꾸지도 않을 거야.

'진정 좀 해, 캘빈. 그렇게 집착하지 말라고.'

그날 저녁 집에 돌아왔을 때, 캘빈은 모든 걸 그냥 내버려두기로 결심했어.

'다 잊어버릴 거야.'

캘빈과 폴 0 : 휴대 전화 1

한 주 내내 캘빈은 '괜찮은' 척하려고 최선을 다했어. 수요일과 목요일에 폴이 점심을 걸러서 캘빈이 구내식당에 혼자 남겨졌을 때도 툭툭 털고 일어났지.

'숙제하느라 바빴겠지.'

폴이 여전히 몸이 좋지 않다고 말하자, 캘빈은 라몬을 불러서 농구를 했어. (팀원들이 깜짝 놀랐지. "폴이 없는데 농구를 했다고?" 타이론이 호들갑을 떨며 못 믿겠다는 듯이 묻자 캘빈은 타이론의 머리를 찰싹 때렸어.)

그리고 금요일, 그날 아침에도 농구 연습을 빼먹어서 캘빈이 파트너 없이 연습하게 만들었던 폴이 생물학 수업에 헐레벌떡 뛰어 들어와 숙제를 베끼게 해 달라고 졸랐을 때 캘빈은 그러라고 했어.

"우리 대장님이 지금 숙제를 할 수 없다 이거지?"

캘빈이 농담조로 물었어. 폴은 눈알을 굴리며 웃었지만 아무 말도 하지 않았어. 캘빈은 매번 짜증이 났지만 징징거리고 싶지는 않았어.

'그러면 어때? 별거 아니야. 그냥 넘어가자.'

캘빈은 주말이 다가오자 내심 기대를 많이 했어. 지금까지 캘빈과 폴은 무슨 일이 있어도 주말은 항상 비디오 월드에서 보냈거든. 포트리스 다이너마이트 2가 출시됐으니 폴빈은 또 다른 토너먼트를 정복해야 했어! 그래, 이번 주에는 연습을 전혀 하지 못했지만…… 두 사람은 무적이었어. 그건 그냥 자연의 섭리였지. 캘빈은 다른 팀을 빨리 꺾고 싶었어(맛난 모차렐라 치즈 스틱과 페퍼로니 피자를 실컷 먹으면서 말이야).

금요일 수업이 끝난 뒤, 캘빈은 사물함 앞에서 폴을 만났어.

"야! 그럼 일곱 시에 볼까?"

휴대 전화를 보던 폴이 당황한 표정으로 고개를 들었어.

"응? 무슨 소리야?"

캘빈이 웃으며 말했어.

"연기 잘하는데? 하지만 속아 넘어갈 내가 아니지. 게다가 난 불을 뿜는 용이 나오는 다섯 번째 레벨에 대한 전략을 생각하고 있었다고."

"아, 포트리스 다이너마이트 2 토너먼트 얘기야?"

폴이 되물었어.

'잠깐, 정말 잊고 있었던 거야?'

폴이 신경질적으로 말했어.

"음, 그거 말이야. 사실 난 못 가."

캘빈은 입이 떡 벌어졌어.

"뭐? 안 돼, 안 돼, 안 돼!"

캘빈은 투덜거렸지.

"야! 우리 토너먼트를 한 번도 놓친 적이 없잖아. 이번에 이기면 비디오 월드의 토너먼트 기록을 깰 수 있어! 지금이 기회라고!"

폴이 한숨을 쉬었어.

"알아, 안다고. 하지만……."

폴은 어떻게 말을 꺼내야 하는지 고민하는 것 같았어.

"엄마가 몸이 안 좋아서 내가 여동생을 돌봐야 해."

'아. 저런.'

캘빈이 말했어.

"미안해. 정말 성가시겠네."

진심으로 미안했지. 동생을 돌보느라 포트리스 다이너마이트 2를 못 한다는 건 상상도 하지 못했으니까! 캘빈이 당황스러운 표정으로 물었어.

"근데 왜 말 안 했어?"

폴이 어깨를 으쓱했어.

"그냥 깜빡했나 봐. 미안해."

이해는 했지만, 그날 오후 집에 돌아왔을 때 캘빈은 여전히 매우 실망스러웠어. 폴에게 미안한 마음도 들었지. 폴도 포트리스 다이너마이트 2를 엄청나게 기대했었거든!

'할 수 없지.'

캘빈은 집 안을 어슬렁거리다가 소파에 앉아 한가롭게 TV 채널을 돌렸어. 이제 그만 체념하고 오늘 저녁에는 게이머 월드 채널이나 봐야겠다고 생각하고 있을 때, 엄마가 거실로 걸어 들어오다가 캘빈을 보고는 비명을 지르며 손에 들고 있던 가방을 떨어뜨렸어. 식료품이 떨어지며 사방으로 튀었지.

"엄마! 왜 그래요?"

캘빈이 일어서서 엉망진창이 된 바닥을 바라보며 물었어.

"내가 할 말이야! 넌 여기서 뭐 하는 거니?"

엄마가 가슴에 손을 얹고 숨을 몰아쉬며 식식거렸어.

"넌 금요일 저녁에 집에 있는 법이 없잖아. 너와 폴은 항상… 거기 어디지? 비디오 월드에 가잖아! 너무 놀라서 심장이 멎는 줄 알았다. 도둑이 들어온 줄 알았어!"

캘빈이 설명을 마치자 엄마가 고개를 저었어.

"저런, 폴 어머니가 편찮으시다니 어쩐다! 뭐라도 챙겨 갖다 드려야겠다."

그리고는 이것저것 잔뜩 챙겨 넣은 바구니를 건네며 말했지.

"이거 폴 어머니 갖다드려. 폴도 잠깐이라도 널 보면 분명히 좋아할 거야."

캘빈은 기운이 솟았어. 그건 사실 꽤 좋은 생각이었지.

'오늘 저녁은 지루하지 않겠는걸.'

저녁을 먹은 뒤 캘빈은 한 손에 바구니를 들고 폴의 집으로 향했어. 캘빈의 엄마는 바구니에 잼, 빵, 디저트, 꽃을 가득 채워 주었지. 캘빈은 동네 식료품점에서 폴이 가장 좋아하는 골드피쉬 과자를 구입해 바구니 맨 위에 올려놓았어.

캘빈이 문을 두드리자 잠시 뒤 문이 활짝 열렸어. 폴의 어머니였지.

"안녕, 캘빈! 어머나! 와, 이게 다 뭐니?"

캘빈은 의아했어.

'아픈 사람치고는 상태가 그렇게 나빠 보이지 않는데.'

폴의 어머니는 밝은 분홍색 셔츠를 입고 있었는데, 군데군데 밀가루와 설탕이 묻어 있었지. 폴의 어머니가 설명했어.

"아, 초콜릿 케이크를 만들고 있어."

'응? 아픈데 쉬시지 웬 케이크? 뭐 그럴 수도 있지.'

캘빈이 어색하게 말했어.

"음…… 엄마가 이걸 챙겨 주셨어요. 빨리 나으세요!"

캘빈이 바구니를 내밀자 폴의 어머니가 당황스러운 표정을 지었어.

"빨리 나으라니, 무슨 소리야?"

이번에는 캘빈이 당황했어.

"어…… 제 말은, 빨리 회복하시라는 거예요! 폴이 어머니가 편찮으시다고 해서, 저희 엄마가 이것저것 챙겨 주셨거든요."

"이런, 신경 써 줘서 정말 고마운데, 뭔가 오해가 있었나 봐. 난 아프지 않은데."

폴의 어머니가 밝은 목소리로 말했어.

"폴이 왜 그런 말을 했는지 모르겠구나. 네가 잘못 들은 건 아니니? 하지만 이 바구니는 감동적인걸. 너희 가족은 정말 친절하구나. 고마워."

캘빈은 충격을 받았어. 이건 해석의 여지가 없었지.

'폴이 나한테 거짓말을 했을까?'

캘빈은 그 이유를 알지 못했지만 너무 화가 나서 아무 생각도 할 수 없었어.

'폴 폰러버, 가만두지 않겠어.'

더는 두고 볼 수 없었어. 요새 폴은 계속 얼간이처럼 굴었고 그건 괜찮은 일이 아니었지. 캘빈은 화가 치밀어서 자기가 아직 문 앞에 서 있다는 사실도 잊었어. 얼른 다시 폴의 어머니를 올려다봤는데, 어머니는 캘빈을 마치 정신 나간 사람처럼 바라보고 있었어!

"얘, 괜찮니?"

폴의 어머니가 걱정스러운 목소리로 물었어.

"좀 창백해 보여. 어디 아프니? 어머니한테 전화할까?"

"아니요!"

캘빈은 억지로 미소를 지었어.

"전 괜찮아요. 혹시 폴이 어디 있는지 아세요?"

폴의 어머니가 고개를 끄덕였어.

"알지! 자기 방에 있어. 올라가 볼래? 폴이 골드피시를 보면 분명히 좋아할 거야."

캘빈은 생각했어.

'흥, 골드피시만 보게 되지는 않을걸.'

잠시 뒤 캘빈이 폴의 방으로 불쑥 들어갔어. 캘빈은 여러 가지 장면을 예상했지. 폴과 라몬이 캘빈만 쏙 빼놓고 놀고 있을까? 아니면 폴과 유자 큐티가 캘빈에게는 한 번도 말한 적 없는 데이트를 하고 있을까? 그런데 폴은 침대에 누워서 휴대 전화를 보고 있었어.

'뭐야? 잠깐 이건……?'

폴의 전화기에서 포트리스 다이너마이트 2의 주제곡이 흘러 나오고 있었어. 폴은 포트리스 다이너마이트 2 게임을 하고 있었던 거야. 캘빈 없이 말이지! 캘빈은 믿을 수가 없었어. 폴은 캘빈과 함께하는 시간을 휴대 전화와 함께하는 시간으로 대체해서 똑같은 일을 하고 있었어. 캘빈을 보자 폴은 눈이 휘둥그레져서 얼른 일어나 앉았어.

"어…… 캘빈, 네가 어쩐 일이야?"

캘빈은 말없이 팔짱을 꼈지. 폴이 재빨리 말을 돌렸어.

"알았어, 알았어. 내 말 좀 들어 봐. 내가 아까는 좀 솔직하지 못했어……."

캘빈은 분노가 끓어올라서 소리쳤어.

"그래, 알아! 너희 엄마가 방금 나한테 말했어!"

폴이 시선을 돌렸어. 캘빈이 씁쓸하게 물었지.

"우리 절친 맞아? 서로 의지하기로 한 건? 아니면 이제 휴대 전화가 그런 걸 대신해 주는 거야?"

폴은 죄책감을 느끼는 것 같았어.

"나도 알아, 미안해. 정말이야. 난 그냥 포트리스 다이너마이트 2를 휴대 전화로 하는 데 익숙해졌어. 그리고 비디오 월드는, 글쎄 좀 지루하다고 할까?"

캘빈이 화를 내려고 했지만 폴이 재빨리 말을 이어 갔어.

"하지만 내가 잘했다는 건 아냐! 너한테 일부러 거짓말을 하려던 건 아니고, 그냥 말이 그렇게 튀어 나갔어. 나도 저녁 내내 그것 때문에 기분이 안 좋았다고."

캘빈이 쏘아붙였어.

"그래, 비디오 월드가 갑자기 '지루해'져서 유감이지만, 적어도 지금 내가 할 수 있는 건 그것뿐이야. 누군가를 뒷받침해 주려면, 네가 불편할 때도 그 사람 곁에 있어 줘야 해."

그건 비볼 감독님의 농구 좌우명 중 하나였는데, 캘빈은 폴이 한숨 쉬는 걸 보고 그 말을 알아들었다는 걸 알 수 있었어. 캘빈이 답답한 마음에 다시 말을 이었어.

"그리고 비디오 월드가 지루하지 않다는 건 너도 알잖아! 네가 온종일 휴대 전화만 보려고 하니까 그런 것뿐이야!"

방에 정적이 감돌았어. 마침내 폴이 말을 꺼냈는데, 목소리가 슬펐어.

"그래. 그거 알아? 네 말이 맞아. 난 휴대 전화에 중독된 것 같아. 안 돼, 이래선 안 돼."

폴은 진심으로 후회하는 것 같았어.

"우리 우정을 해쳐서 정말 미안해. 네가 얼마나 상처받았을지 미처 생각하지 못했어."

폴이 말을 이어 갔지.

"약속할게. 다시는 이러지 않을 거야, 알았지? 휴대 전화에 내 모든 시간을 바치지 않을게."

폴이 휴대 전화를 허공에 흔들었어.

"그리고 너한테 다시는 거짓말하지 않을게. 그러니까…… 날 용서해 줄래?"

두 사람은 잠시 가만히 있었어. 폴의 책상 위에 결승전에서 사용한 농구공이 놓여 있는 모습이 캘빈의 눈에 들어왔어. 캘빈은 책상으로 가서 농구공을 집어 폴에게 패스했어. 폴은 깜짝 놀라며 농구공을 받았지.

"농구 한판 할까?"

캘빈이 묻자 폴이 씩 웃었어.

"그래, 하자!"

폴은 휴대 전화를 침대에 던졌고, 둘은 집 밖으로 뛰어나갔어. 캘빈은 농구공을 공중으로 던지면서 마음이 편해지는 걸 느꼈어.

'내 절친이 돌아왔고, 우리의 연승 행진도 돌아왔다.'

캘빈과 폴 1 : 세상 0

도전! 디지털 챌린지

7장에서 배운 것처럼, 휴대 전화 사용 시간을 조절하기란 까다로운 일이야! 캘빈과 폴은 절친한 친구였어. 둘 사이에 뭔가가 끼어든다는 건 상상할 수 없었지. 그런데 폴에게 휴대 전화가 생겼어. 캘빈이 마냥 기다리는 (그리고 자신은 휴대 전화가 없다는 사실에 실망하고 있는) 동안, 폴은 자신이 친구를 얼마나 멀리하고 있는지 깨닫지 못한 채, 캘빈의 말을 빌리자면 '얼간이'처럼 행동했어. 늘 휴대 전화만 바라보느라 실제 대화는 나누지 못하고 농구 연습도 빠지며 심지어 친구에게 거짓말까지 하지. 폴의 휴대 전화는 폴의 삶을 개선하기는커녕 대체하기 시작해. 상황이 한계에 도달했을 때 폴의 새 휴대 전화는 이미 엄청난 해를 끼친 상태였어. 폴이 정상으로 돌아올 수 있었던 건 전적으로 삶에서 정말로 중요한 것, 즉 가장 친한 친구를 포함한 소중한 사람들을 기억했기 때문이었어.

캘빈과 폴의 이야기를 읽었으니, 이제 각자 휴대 전화 사용 시간이 실제로 얼마나 되는지 알아볼 차례야! 하루 동안 휴대 전화를 집어 든 시간과 휴대 전화를 내려놓은 시간을 기록해 봐. 또 휴대 전화로 무엇을 했는지도 기록해. 누군가에게 문자를 보냈어? 소셜 미디어에 접속했니? 이메일을 확인했어? (휴대 전화가 이 작업을 대신해 줄 수도 있어!) 하루가 끝날 무렵 친구에게 시간을 합산해 달라고 부탁해서(속임수 금지!) 네가 휴대 전화를 사용하는 시간을 정확히 알아내는 거야.

그러고 나서 다음 항목을 확인하고 실천해 봐.

1. 어디에 가장 많은 시간을 보냈나(소셜 미디어, 문자 메시지 등)? 그곳이 전자 기기 사용 시간을 가장 많이 소비하고 싶은 곳인가?
2. 휴대 전화 사용 시간을 줄일 수 있는 곳은 어디인가?
3. 휴대 전화 사용 시간에 대한 목표를 설정하고 목표를 지킬 수 있는지 확인해 본다.

요즘 나오는 멋지고 화려한 휴대 전화는 우리가 전화를 어떻게 쓰고 있는지 추적해 주는 기능이 있어(살짝 소름 끼치긴 하지만 아주 편리하지). 스마트폰(예를 들어, 아이폰)을 사용하는 경우, 전화기 설정 화면으로 이동해서 휴대 전화가 내 활동을 추적하는지 확인할 수 있어. 설정 항목을 클릭하면 휴대 전화 사용 시간과 함께 사용 시간을 분 단위로 분석할 수 있어(네가 정확히 무엇을 하는지도!). 이번 장에서 해야 할 과제는 이 정보를 사용해서 휴대 전화 사용 시간에 대한 목표를 설정하는 거야(그리고 구체적으로 줄일 수 있는 부분까지 정해 봐). 자, 할 수 있어!

디지털 시민 규약

이 책을 무사히 다 읽은 것을 축하해. 이제 넌 인터넷 전문가야. 디지털 세상이 네 앞길에 놓으려는 덫이나 함정보다 한발 앞서서 기술 세계에 맞설 준비를 마쳤어. 여정을 떠나기에 앞서 올바른 디지털 시민이 되기 위한 서약을 할 때야. 디지털 리더십을 발휘하고, 온라인에서 증오가 아니라 친절함을 퍼뜨릴 것이며, 인터넷을 즐겁고 행복한 곳으로 만들겠다는 서약이지. 우리가 디지털 세상을 조금이라도 덜 불쾌한 곳으로 만들 수 있다면, 그만큼 더 좋은 세상이 될 수 있을 테니까.

디지털 시민 규약

나[본인 이름 적기]는 디지털 시민으로서 다음과 같이 서약한다. 나는 긍정적인 디지털 시민이 되기 위해 내 의무를 다하고, 온라인에서 내가 하는 모든 말과 행동이 동료 디지털 시민에게 영향을 미친다는 것을 인식하겠다고 서약한다.

나는 온라인상에서도 항상 친절하게 행동하고 말을 조심하겠다고 약속한다.

나는 정확한 정보에 근거한 인터넷 사용자가 되어서 다른 사람들에게 내가 사실이라고 확신하는 정보를 전달하겠다고 서약한다.

나는 인터넷에 휘둘리지 않을 것이다. 내가 올리는 게시물은 모두 '나'를 나타내기 때문에, 게시물을 올리기 전에 다시 한번 더 생각하겠다고 서약한다.

나는 옳지 않은 것을 보면 행동하는 사람이 될 것임을 약속한다.

나는 활동가, 혁신가, 창작자, 몽상가로서 내 장점을 최대한 끌어내고, 주변 사람들에게 힘을 실어 주기 위해 기술을 사용하겠다고 약속한다.

나는 휴대 전화가 내 삶을 개선하는 대신 대체하도록 내버려두지 않겠다고 서약한다.

마지막으로, 나는 이 서약을 다른 사람에게 전달해서 디지털 세상을 더 낫게 만들겠다고 서약한다.

_____ (서명란)

도전! 마지막 디지털 챌린지

이 책을 다 읽고 디지털 시민 서약까지 마친 걸 축하해! 축하하는 의미로 네가 디지털 규약을 읽고 서약하는 모습을 동영상으로 촬영해서 소셜 미디어에 공유해 봐. #디지털시민서약 해시태그를 다는 것도 잊지 말고!

감사의 말

이 책을 쓰는 것은 언제나 제 꿈이었습니다. 그 꿈은 전 세계 청년들을 만나 대화한 경험에서 비롯했습니다. 8년 동안 혐오 반대 운동가로 활동하면서 저는 전 세계 수많은 청년들을 만났습니다. 그들이 들려준 용감한 이야기와, 인터넷이 더 나아질 수 있다는 믿음, 그리고 그런 미래상을 구체화해야 한다는 그들의 촉구 덕분에 저는 이 책을 쓰게 되었지요. 더 나은 디지털 세상을 대담하게 꿈꾸고, 그 세상을 실현할 수 있도록 제게 영감을 준 동료 Z세대 여러분 모두에게 감사의 말씀을 전하고 싶습니다.

젊은 독자에게 디지털 문해력이라는 개념을 재미있고 흥미롭게 전달할 수 있도록 도와준 편집자 질 산토폴로에게 무한한 감사를 전합니다. 질과의 첫 대화에서 저는 이 책이 중요한 이유와 함께 제 또래 청년, 청소년들이 좋아할 만한 책에 대한 제 판단까지 이해하는 사람을 찾아냈다는 것을 직감했습니다. 질의 통찰력과 관점 덕분에 이 책은 유익하고 읽기 쉬우며 매력적인 책이 되었습니다. 이 책을 쓰는 과정에서 질의 지원은 문학적으로도 개인적으로도 정말 귀중한 것이었습니다. 펭귄 랜덤 하우스와 필로멜 북스 팀, 특히 셰릴 아이싱과 탈리아 베나미에게도 감사드립니다.

처음부터 이 책의 가능성과 잠재력을 믿어 준 제 문학 에이전트 크리스틴 반 오그트롭에게도 감사를 전합니다. 저는 교육적 효과와 영향력을 동시에 발휘할 수 있는 책을 쓰고 싶다 생각했고, 크리스틴이 제 곁에서 자신만의 관점으로 격려하고 지원해 주었기에 교육 효과와 영향력 두 가지를 모두 실현할 수 있었습니다. 크리스틴과 함께 훌륭한 잉크웰 팀과 함께 일할 수 있어서 영광이었습니다.

리싱크(ReThink) 팀 전체에도 감사드립니다. 이 프로젝트를 진행하는 동안 책을 쓰는 데 필요한 영감을 끊임없이 불어넣어 주고 동기를 부여해 주며 저를 지원해 주었습니다. 더 안전하고 친절한 온라인 세상을 만들고, 새로운 세대의 디지털 시민을 양성하는 데 도움을 주려는 여러분의 노력이 이 책의 핵심입니다.

　창작 과정 내내 저를 지지해 준 많은 친구와 가족, 특히 낯선 세계로 들어가 모든 아이디어를 실험해 보라고 격려해 주신 (그리고 잘 먹여 주신) 부모님, 바누 프라부와 닐 프라부에게 감사드립니다. 출판계를 탐색하고 궁극적으로 그곳에서 저의 자리를 찾을 수 있게 도와준 제 개인적인 멘토이자 영감의 원천, 레시마 소자니에게도 감사를 전합니다. 그리고 미우나 고우나 한결같이 저를 지지해 준 닉 맥스웰에게 감사드립니다.

　마지막으로, '인터넷을 다시 생각하기'의 미래상을 중심으로 결집한 많은 단체와 개인에게 감사합니다. 여러분의 지지 덕분에 이 책이 탄생했고, 우리가 불러일으키고자 하는 세상의 변화에도 여러분의 그 지지가 결정적인 역할을 했습니다. 특히 엘리베이트 프라이즈 재단, 소셜 이노베이션 앤드 체인지 이니셔티브, 브라이언 카메론 교육 재단에 감사드립니다. 이 작업에 대한 여러분의 믿음이 세상을 변화시킬 것입니다.

트리샤 프라부

보호자를 위한
디지털 사용 안내서

부모님, 교육자, 보호자, 친구 또는 단순히 이 책의 교훈을 더 깊이 이해하고 싶은 독자 여러분, 안녕하세요! '인터넷을 다시 생각하기'의 세계에 오신 것을 환영합니다! 여러분을 만나서 정말 기쁩니다. 여러분의 존재는 대단히 중요합니다. 왜냐하면 여러분의 참여가 이 책이 가르치는 교훈과 도구를 이해하게 쉽게 해 주고 보완해 주며, 더불어 여러분은 청소년과 함께 인터넷에 관해 이야기하고 비판적으로 평가하는 까다로운 기술을 연습할 수 있기 때문입니다. (방금 전율을 느끼셨나요? 저도 마찬가집니다!)

아시다시피 휴대 전화 사용이건, 온라인상의 정보를 신중하게 평가하는 방법이건 간에 인터넷과 기술에 대해 Z세대와 대화하려면 요령이 필요합니다. '보호자를 위한 디지털 사용 안내서'가 그 요령을 익히는 데 도움이 되기를 바랍니다.

왜 이런 대화를 해야 하는지 궁금하시겠죠. 끊임없이 연결되고 디지털이 주도하는 세상에서 살아가는 여러분의 청소년 독자는 인터넷 사용법을 알아야 할 뿐만 아니라(제 생각에는 아마도 딱 거기까지만 알 가능성이 큽니다), 인터넷을 현명하고 안전한 방식으로 사용할 줄도 알아야 합니다. 디지털 노하우와 디지털 문해력은 같은 것이 아닙니다. 전자에서 후자로 나아가면 디지털 시민은 새로운 온라인 세상에서 비판적이고 책임감 있는 소비자가 되어 디지털의 장점에서 이익을 얻고 단점을 피할 수 있습니다(또는 물리칠 수 있습니다!).

안타까운 사실은, 요즘 청소년은 대부분 인터넷 세상에서 태어났음에도 불구하고 디지털 사용에 대해 제대로 배운 적이 없고 디지털을 다루기 위한 도구도 제대로 갖추지 못했다는 것입니다. 이 책은 바로 그 디지털 도구 세트, 즉 인터넷을 올바르게 사용하기 위한 충실한 안내서이며 여러분과 함께 이 책을 읽는 독자는 자신 있게 디지털 세계를 탐색할 수 있을 것입니다. (이 책과 저의 배경에 대한 자세한 설명을 보려면, 8쪽의 〈들어가는 글〉을 펼쳐 보세요.)

다음 페이지부터는 이 책의 각 장에 대한 보충 자료가 나옵니다. 각 항목은 하나의 장에 대응하며 다음과 같은 내용을 포함합니다. (1) 해당 장의 이야기에 대한 요약, (2) 해당 장에서 탐구한 디지털 문해력 개념에 대한 설명(그리고 그것이 중요한 이유), (3) 해당 장의 이야기와 실생활에 모두 관련된 일련의 토론용 질문과 성찰, (4) 해당 장의 디지털 챌린지를 완료할 때 독자를 지원하기 위한 간단한 실용적 조언입니다. 이 자료를 안내서로 활용해 여러분과 독자가 가장 공감하는 질문을 다루고, 주어진 '디지털 챌린지'를 독자의 관심사에 더 잘 맞는 방향으로 자유롭게 변형해 보세요. 우리가 함께한다면 여러분의 독자는 의미 있는 경험을 할 수 있습니다.

지금 바로 시작하죠! 제가 이 책을 쓰면서 즐거웠던 것만큼 여러분도 청소년 독자가 이 책을 읽는 것을 도우면서 함께 즐거울 수 있기를 바랍니다. 여정에 함께해 주셔서 감사합니다!

트리샤 프라부

1장. 전 세계로 퍼지는 게시물

내용 요약

1장에서 독자는 명랑하고 창의적인 소녀이자 야심 찬 패션 디자이너 멜린다 스커트셔츠를 만납니다. 엄마가 재혼한다는 사실을 알게 된 멜린다는 꿈에 그리던 프로젝트인, 엄마의 웨딩드레스를 디자인하는 일을 맡게 됩니다! 하지만 안타깝게도 멜린다는 창의력이 꽉 막혀 버려 완벽한 드레스를 구상할 수 없게 되죠. 멜린다는 친구와 모르는 사람을 가리지 않고 주변 사람 사진을 찍고, 소셜 미디어 플랫폼인 패션그램에 패션 비평을 공유해 영감을 얻기로 결심합니다. 의도는 좋았지만 이 접근 방식은 역효과를 냅니다. 엄마는 멜린다가 웨딩드레스 디자인을 할 자격이 있는지 의문을 제기하고, 절친한 친구인 프리야는 멜린다의 행동에 실망합니다.

디지털 기술

이 장의 목표는 '책임감 있는 디지털 시민 의식'이라는 기술을 가르치는 것입니다. 핵심 개념은 다음과 같습니다.

- 휴대 전화 같은 전자 기기를 갖게 되면, 비록 그렇게 느껴지지 않더라도

실제로는 (회원 또는 시민으로서) 더 큰 디지털 공동체에 속하게 됩니다.

- 여러분이 하는 모든 말과 행동이 해당 공동체의 모든 사람에게 영향을 미칠 수 있습니다.

- 위와 같은 점을 고려할 때, 여러분은 더 큰 공동체를 위해 온라인에서 최선의 행동을 해야 할 책임이 있습니다. 이를 '올바른 디지털 시민 의식'이라고 하며, 이는 옳은 일일 뿐만 아니라 더 나은 디지털 세상을 만드는 데도 도움이 됩니다. (여러분도 그 세상의 일부라는 중요한 사실을 잊지 마세요!)

토론을 위한 질문

1. 멜린다가 사진을 찍은 사람들에게 상처를 줄 의도가 있었다고 생각하나요? 왜 그렇다고 생각하나요? 또는 왜 그렇지 않다고 생각하나요? 훌륭한 디지털 시민이 되려면 어떻게 해야 할까요?

2. 프리야는 멜린다의 행동에 대해 주의를 줬지만 결국 멜린다를 막지는 않았습니다. 디지털 시민으로서 프리야의 행동이 충분했다고 생각하나요? 프리야가 더 할 수 있는 일은 없었을까요?

3. 온라인에서 실망스럽거나 잘못된 디지털 시민 의식의 예라고 생각되는 것을 본 적이 있나요? 이유가 뭔가요? 어떻게 대응할 수 있었나요?

도전! 디지털 챌린지

다음과 같은 과제를 수행해 보세요.

1. 소셜 미디어에 친구와 함께 찍은 사진을 올리기 전에 친구의 허락을 구하세요 (해시태그 #물어보는것은항상중요해 포함).

2. 친구 다섯 명에게 위 과제를 함께 해 보자고 요청해서 챌린지를 완료해 보세요. 멋진 사진을 찍을 수 있게 서로 도움을 주어도 좋습니다!

2장. 인터넷 뒤에 사람 있어요!

내용 요약

2장에서는 브로디 맥뉴키드가 워싱턴 DC의 새 학교에서 첫날을 시작하는 모습을 따라가 봅니다. 브로디와 그의 가족은 최근 켄터키주 루이빌에서 이사를 왔습니다. 브로디는 소외감을 느끼며 겉돌던 참에 자신처럼 야외 활동을 좋아하는 친근한 수다쟁이 파티마 토키를 만납니다. 하지만 파티마는 부모님이 이혼한다는 사실을 알게 되면서 새 친구를 사귄다는 설렘이 금세 사그라듭니다. 이 사실을 모르는 브로디가 가족과 함께 하이킹하는 사진을 보내자 파티마는 화가 나서 문자와 소셜 미디어를 통해 브로디를 비난하고, 브로디는 영문도 모른 채 혼란스러워하고 상처받지요. 파티마는 나중에 자신이 휴대 전화에 휘둘렸다는 것을 깨닫고 괴로워합니다. 파티마는 브로디에게 사과하며, 상대방 앞에서 직접 하지 못하는 말은 온라인에서도 절대 하지 않겠다고 다짐합니다.

디지털 기술

이 장에서는 우리가 휴대 전화를 사용할 때 말을 함부로 내뱉기 쉽다는 것과, 그런 행동이 반복되면 사이버 폭력이 될 수 있다는 것을 알려 줍니다. 핵심 개념은 다음과 같습니다.

- 누구나 후회할 말을 하지만, 다른 사람 얼굴이 아니라 모니터 화면을 바라보는 인터넷에서 특히 그런 말을 하기 쉽습니다.

- '사이버 폭력'은 온라인에서 말이나 이미지로 누군가를 반복적으로 괴롭히거나 해를 끼치는 일을 뜻합니다. 사이버 폭력은 피해자와 가해자 누구도 얻을 게 없는 범죄 행위입니다. 피해자는 인격 모독으로 정신적 피해를 입고, 가해자는 자신의 가치관을 스스로 훼손합니다.
- 다음 메시지를 잘 기억해 사이버 폭력을 저지르지 않도록 합니다. "다른 사람 앞에서 직접 할 수 없는 말은 온라인에서도 하지 말라."

토론을 위한 질문

1. 파티마가 브로디에게 보낸 메시지가 브로디에게 어떤 영향을 주었다고 생각하나요? 이를 바탕으로 온라인 괴롭힘과 그 영향에 대해 무엇을 알 수 있다고 생각하나요?

2. 브로디의 누나 세라가 "용서받을 자격이 없는 사람을 용서해야 할 때도 있는 법이야"라고 한 말은 무슨 뜻일까요? 브로디는 파티마와 대화할 때 최선을 다해서 갈등을 줄이려고 했는데, 여기에 어떤 이점이 있을까요?

3. 직접 만나서는 절대 하지 않을 말을 소셜 미디어에 올리거나 공유한 경험이 있나요? 왜 그랬나요?

도전! 디지털 챌린지

2장의 도전 과제는 온라인에서 문제가 될 만한 말을 하려고 할 때 자신을 통제하고, 자기 삶에서 가장 중요한 사람의 사진을 소셜 미디어에 공유해서(해시태그 #인터넷긍정주의도 사용) 인터넷 사용자도 진짜 사람이라는 사실을 상기하는 거예요. 이 챌린지를 성공하기 위해 다음처럼 해 보세요.

1. 온라인에서 뭔가를 공유하려고 하다가 취소했던 순간이 있는지 친구나 가족에게 물어보세요(비판하지는 마세요!).

2. 소셜 미디어에 소개하고 싶은 특별한 사람이 있는지 함께 이야기해 보세요.

3장. 디지털 탐정이 되는 법

3장에서는 중요한 미스터리를 풀겠다는 꿈을 아직 실현하지 못한 탐정 지망생 셜록 솔버를 만납니다. 사실 엄마가 짝사랑하는 유명인 더스틴 디버가 최근 실종된 사건을 제외하면, 조사할 게 거의 없었지요. 셜록은 절친인 아이제아와 함께 집에서 엄마가 해 준 치킨 파마산을 먹다가 아이제아가 알레르기 반응을 일으키면서 한바탕 소동이 일어납니다. 엄마는 롱 박사의 블로그에서 밀가루가 들어가지 않는 치킨 파마산 요리법에 대한 정보를 얻었지만 그 사이트가 신뢰할 만한 곳이 아니라는 사실을 알고 충격을 받지요(심지어 롱 박사는 박사도 아니었습니다). 셜록 또한 엄마가 틀릴 수도 있다는 것과 때로는 내가 '사실'로 알고 있는 것이 틀릴 수도 있음을 깨닫게 됩니다. 이 새롭고 강력한 교훈이 셜록의 탐정 활동에 돌파구 역할을 해서 결국 셜록은 더스틴 디버가 실종되지 않았다는 사실을 밝혀냅니다. (사실, 모든 것은 그저 한 팬이 소셜 미디어에서 시작한 장난이었습니다.)

디지털 기술

이 장의 목표는 허위 정보가 얼마나 널리 퍼져 있는지, 그리고 사람들이(심지어 어른도) 얼마나 쉽게 속을 수 있는지를 보여 주는 것입니다. 핵심 개념은 다음과 같습니다.

• 인터넷에 떠도는 정보가 모두 사실이라고 생각하기 쉽지만 이를 명확히 검증해 줄 '인터넷 경찰'이 없기 때문에 많은 정보가 사실보다는 허구에

가깝다고 보는 것이 좋습니다. 요컨대 온라인에서 보거나 읽는 모든 것을 그대로 믿지 않도록 주의합니다.

· 다양한 유형의 엉터리 정보를 알아 둡니다. '오보'는 신뢰할 수 없는 정보가 실수로 퍼진 것을 가리키며(예를 들어 셜록의 엄마가 더스틴이 실종됐다고 추정하는 기사를 공유한 것), '허위 정보'는 거짓 정보를 사람들을 속이려는 의도로 퍼뜨리는 것을 뜻합니다.

· 온라인에서 정보를 볼 때마다 (1) 출처를 확인하고, (2) 날짜를 주목하고, (3) 익명(또는 무명)의 정보 출처를 피하고, (4) 편향된 생각을 비판적으로 바라봄으로써 디지털 탐정이 되어 봅니다.

토론을 위한 질문

1. 이 장에 나온 내용 중 다양한 유형의 거짓 정보를 분류해 보세요. 사람들을 속여서 더스틴이 사라졌다고 생각하게 만든 최초의 게시물은 어떻게 분류할까요? 셜록의 엄마가 공유한 롱 박사의 '밀가루가 들어가지 않은' 치킨 파마산 요리법 게시물은요?

2. 디지털 탐정 비법을 사용해서, 셜록의 엄마가 소셜그램에서 본 더스틴의 실종에 관한 뉴스를 어떻게 평가했어야 하는지 생각해 보세요. 출처는 믿을 만한가요? 정보가 편파적이거나 극단적이지는 않나요?

3. 인터넷에서 수상한 정보를 보거나 읽었던 때를 떠올려 보세요. 어떤 내용이었나요? 그 정보가 거짓이거나 부정확하다는 것을 알았나요? 알았다면, 어떻게 알았나요? 몰랐다면, 어떻게 하면 알아차릴 수 있었을까요?

도전! 디지털 챌린지

3장의 도전 과제는 직접 수사에 착수해 보는 거예요. 디지털 탐정이 되어서 인터넷에 떠도는 정보를 평가하고, 출처와 내용을 신뢰할 수 있는지 조사해 보세요. 조사하면서 신뢰할 만한 정보를 찾는 방법을 정리해 보세요. 정보를 조사하면서 찾아낸 것을 공유하고 검증하며 서로의 연구를 칭찬해 주세요.

4장. 정말 이 글을 올리겠습니까?

내용 요약

4장에서는 야심이 있는 중학교 1학년 학생인 AJ 커맨더를 만납니다. AJ는 커서 무엇이 되고 싶은지 이미 알고 있습니다. 바로 미국 대통령이지요! 아직 먼 미래의 일이지만 AJ는 이미 정치에 입문했습니다. 학생회 회장에 출마했기 때문이지요. AJ의 선거 운동을 돕기로 한 누나 아이샤와 함께 멋진 정장과 창의적인 슬로건("AJ에게 투표하세요. 당신의 소원이 AJ의 명령입니다!")까지 준비했지만, AJ는 선거에서 패배할까 봐 여전히 걱정됩니다. 학교에서 가장 인기 많은 이고르 보시와 맞붙게 되었기 때문이죠. 그래서 마을 시장 선거를 앞두고 있으며 자신이 가장 존경하는 정치 영웅인 지역 시장 휴 마우스를 온라인 질의응답 행사에서 볼 기회를 얻게 되자 AJ는 귀를 쫑긋 세웁니다! 하지만 안타깝게도 마우스 시장의 상대 후보인 다이앤 시프트의 지지자들이 질의 응답에 참여하면서 행사는 끔찍한 방향으로 흘러가지요. 채팅 참여자들의 도발에 당황한 마우스 시장은 글을 입력하기 전에 신중하게 한 번 더 생각해야 한다는 것을 잊어버리고, 시프트의 지지자들에게 무례한 메시지를 보냅니다. 나중에 사과하려고 했지만 이미 때는 늦었습니다. 마우스 시장의 메시지는 급속히 퍼져 나갔고, 마우스 시장은 시민들의 지지를 잃게 되었죠! AJ는 분명한 교훈을 얻었습니다. 글을 입력하기 전에, 항상 잠시 멈추고 다시 한번 더 생각해야 한다는 것을 말입니다.

이 장의 목표는 오프라인 그리고 특히 온라인에서 말을 의도적으로 올바르게 하는 태도의 중요성을 가르치는 것입니다. 핵심 개념은 다음과 같습니다.

- 인터넷은 변화했지만(예를 들어 수십 년 전보다 현재 인터넷 사용자가 훨씬 더 많습니다!), 인터넷 디자인은 크게 변하지 않았습니다. 그 결과 우리는 언제든 삭제 버튼을 누를 수 있다고 생각하거나, 실제로 상대방 얼굴을 마주하지 않고 화면만 보고 말하는 방식 때문에 마치 온라인에서 하는 말이 중요하지 않은 것처럼 생각하기 쉽습니다.

- 하지만 그건 사실이 아닙니다. 입력하기 전에 신중하게 생각하는 일은 매우 중요합니다. 예를 들어 삭제 버튼을 눌러 비꼬는 댓글을 삭제하려고 해도 이미 캡쳐 화면으로 저장되어 퍼질 가능성이 큽니다.

- 자신을 운에 맡기면 안 됩니다. 잠시 멈춰서, 검토하고, 다시 생각하는 시간을 가지면 인터넷에 휘둘리지 않을 수 있습니다.

토론을 위한 질문

1. 이 장에서는 마우스 시장의 온라인 질의응답 사건이 큰 비중을 차지해요. 이 소동에 대해 비판적으로 생각해 보세요. 온라인상에서 질의응답을 할 때 무엇 때문에 마우스 시장이 그렇게 쉽게 흥분했다고 생각하나요? 또한 마우스 시장이 단 댓글 때문에 발생한 피해를 더 키운 요인은 무엇이라고 생각하나요?

2. 온라인에서 후회하는 말을 했던 때를 떠올려 보세요. 무슨 생각을 하고 있었나요? 기분은 어땠나요? 디지털 환경을 거칠게 만드는 원인은 무엇이며 문제를 바로잡을 방법은 무엇이라고 생각하나요?

3. 온라인에서 공격적인 메시지를 올리기 전에 다시 생각해 볼 수 있도록 도움을 주는 수단으로 '리씽크'라는 앱이 있어요! rethinkwords.com에서 확인하세요.

이 앱을 다운로드해서 사용해 보고, 글을 올리기 전에 '다시 생각해 보세요'라고 요청하는 메시지가 왜 효과적인지 자신의 생각을 정리해 보세요.

도전! 디지털 챌린지

4장의 도전 과제는 게시물을 #입력하기전에다시생각하기의 중요성을 강조하는 글을 해시태그와 함께 공유하고, 게시물을 올리기 전에 한 번 더 생각하는 데 성공한 뒤 그것을 축하하는 거예요. 그리고 다시 한번 더 재고해 보기로 결정한 이유에 대해 친구 또는 가족과 대화를 나눠 보세요. 게시물에 가장 적합한 글을 선택하도록 서로 도움을 줘 보세요.

5장. 그만둬! 하고 말하기

내용 요약

5장에서는 중학생 수학 천재이자 재능이 넘치는 화가인 크리스틴 아티스트를 만납니다. 크리스틴에게 그림은 단순히 멋진 것이 아니라 자기표현의 한 형태, 즉 자신의 감정에 생명을 불어넣는 방법입니다. 그래서 엄청나게 잘생긴 후안 립스매커를 보고 처음으로 짝사랑에 빠지게 되자 후안의 초상화를 그리기로 결심합니다(별, 하트, 불꽃놀이 등 크리스틴이 후안을 볼 때 느끼는 모든 것을 표현했죠). 그런데 안타깝게도 말썽꾼 리사 래블라우저를 비롯한 몇몇 학교 친구들이 크리스틴의 짝사랑을 눈치채고 훼방을 놓습니다. 학교에서 크리스틴이 휴대 전화를 잠그지 않고 책상에 올려놓은 틈을 타, 리사가 크리스틴이 그린 후안의 초상화 사진을 찾아내서 소셜그램에 올립니다. 크리스틴은 너무나 창피해서 이제 자신의 인생은 끝났다고 여겼지요. 하지만 후안은 크리스틴을 괴롭히는 리사의 잘못된 행동을 용감히 제지합니다. 후안의 행동으로 분위기가 순식간에 반전되어 친구들은 크리스틴의 그림 실력을 오히려 칭찬하게 됩니다.

디지털 기술

이 장의 목표는 행동하는 사람의 힘, 즉 증오를 멈추게 하기 위해 적극적으로 목소리를 내는 모습을 보여 주는 것입니다. 핵심 개념은 다음과 같습니다.

- 인터넷은 완벽함과는 거리가 멀기 때문에 내가 아무리 올바르게 행동해도 다른 사람들은 그러지 않을 가능성이 큽니다. 하지만 그렇다고 해서 여러분이 할 수 있는 일이 없는 것은 아닙니다. 용감한 행동가가 되면, 모두가 존중받는 인터넷 환경을 만드는 데 도움을 줄 수 있습니다.
- 명백한 형태의 괴롭힘이든 교묘한 괴롭힘이든, 자기 견해를 밝힘으로써 혐오를 막을 수 있습니다. 그뿐만 아니라 친구와 가족, 공동체에 강력한 본보기를 보일 수도 있습니다.
- 행동가가 되면 '나대는' 것처럼 보일까 봐 걱정하는 이들이 많지만, 전혀 그렇지 않습니다! 세상에는 멋진 행동가가 많습니다. 그레타 툰베리나 말랄라 유사프자이를 보세요. 그들처럼 여러분도 더 나은 세상을 만들기 위해 행동할 수 있습니다.

토론을 위한 질문

1. 이 이야기에서 크리스틴이 후안의 친구 토니와 마주치는 장면을 떠올려 보세요. 후안은 어떻게 행동가로 거듭났나요? 후안의 언어와 행동의 어떤 측면이 그 목

표를 달성하게 했을까요? 이를 지켜보던 군중의 즉각적인 반응은 어땠으며, 이를 통해 행동가의 영향력에 대해 무엇을 알 수 있다고 생각하나요?

2. 행동가가 된다는 것은 옳은 일을 하기 위해 목소리를 내는 것이지, 위험하거나 해로울 수 있는 상황을 확대하는 것이 결코 아니에요. 이 두 가지를 어떻게 구별할 수 있을까요?

3. 행동가처럼 행동한 적이 있나요? 어떤 목소리를 냈나요? 반대로, 행동가가 될 수 있었지만 그러지 않기로 한 적이 있나요? 왜 그랬나요?

도전! 디지털 챌린지

5장의 도전 과제는 행동가가 되어 볼 수 있는 기회를 제공해요. 자신이 행동가가 되기로 한 이유를 글로 쓴 뒤 '나는 행동가입니다' 이미지와 함께 게시해 공유해요. 행동가가 되는 일이 왜 중요한지 실친들이나 소셜 친구들과 함께 이야기 나눠 보고, 각자 글을 작성해 올릴 때 이 과제를 수행해 볼 수 있도록 도와주세요.

6장. 세상을 바꾸는 선한 기술

내용 요약

6장에서는 세상에서 가장 멋진 로봇과 앱, 소프트웨어를 만들려는 열정을 가진 십 대의 기술 천재 타냐 테크구루를 만납니다. 타냐는 (저명한 컴퓨터 과학자 그레이스 호퍼의 이름을 딴) 컴퓨터 그레이스를 이용해 아이스크림 한 스쿱을 완벽하게 떠내는 스쿱오라마부터 이륙 후 도시 전체에 사탕을 떨어뜨리는 로켓 발사기 '모두를 위한 사탕'까지 온갖 것을 만들어 냈습니다. 하지만 안타깝게도, 기술 천재 타냐는 학교에 적응하기 힘들어 합니다. 학교에서 자신의 관심사 때문에 놀림을 당합니다. 특히 여자라는 이유 때문입니다. 놀림과 성차별적 고정 관념에 분노한 타냐는 자신처럼 기술과 창작을 사랑하는 여성들을 위한 소셜 미디어 사이트인 '작전명 여성의 비상(OWR)'을 만들기로 결심합니다. 몇 주간 고된 작업을 한 끝에 출범 준비를 마쳤고, 타냐는 떨리는 마음으로 사이트를 엽니다. 다음 날 아침, 타냐는 유명 영화배우 핫티 핫샷의 딸 카리스마 핫샷을 포함해 천 명이 넘는 사용자의 팔로우를 받습니다. 타냐는 이 경험을 통해 무엇보다도 기술을 선한 일에 사용하는 것, 즉 기술 활동가가 되는 것의 힘을 깨닫습니다. 타냐는 이제 그저 '멋지기'만 한 것을 만드는 데 그치지 않고, 긍정적인 영향을 미치는 것을 만들고 싶어 합니다.

디지털 기술

이 장의 목표는 기술과 인터넷이 나쁘기만 한 것은 아니며, 기술을 받아들임으로써 세상을 실제로 더 나은 곳으로 만들 수 있음을 보여 주는 것입니다. 핵심 개념은 다음과 같습니다.

- 인터넷이 여러 문제점이 있지만 그렇다고 해서 인터넷 자체를 혐오할 필요는 없습니다! 세상을 더 나은 곳으로 바꾸기 위해 기술과 인터넷은 무궁무진한 방식으로 사용될 수 있습니다(단 하나의 '올바른' 방식은 없습니다!).
- 기술을 긍정적인 영향을 미치도록 사용할 수 있는 가장 좋은 방법은 예술이든 스포츠든 자신의 고유한 기술을 환경 보호나 장애인 커뮤니티 지원 같은 관심 분야에 적용하고, 기술을 사용해 그 일을 지원하는 것

입니다. 예를 들어 저는 과학 연구 기술을 사이버 폭력 문제를 해결하기 위해 사용했고, 컴퓨터 프로그래밍을 통해 온라인 혐오를 막는 앱을 만들었습니다!

토론을 위한 질문

1. 이 이야기에서 타냐는 자신을 '활동가'로 정의해요. 활동가가 된다는 것은 무엇을 의미할까요? 이야기가 끝날 무렵, 이런 정체성을 받아들인 타냐는 자신의 기술적 관심사를 어떻게 변화시키게 되나요?

2. 다음 문장의 밑줄 친 곳에 적절한 말을 써 보세요.
   "나는 사실 기술과 인터넷이 굉장하다고 생각한다. 왜냐하면 올바른 방식으로 사용하면 기술과 인터넷은 _____ ."

3. 사람들이 기술을 선하게 사용하도록 이끌 아이디어를 생각해 본 적이 있나요? 어떤 아이디어였나요? 기술을 사용해 어떤 문제를 해결하고 싶었나요?

도전! 디지털 챌린지

6장의 도전 과제는 온라인 모금 행사를 시작하거나 중요한 문제에 이목을 집중시키기 위한 동영상을 제작하는 것처럼 기술을 선하게 사용할 수 있는 방법을 고민함으로써 독자가 기술에 기반한 혁신가가 되는 첫걸음을 내딛도록 해 주세요. 독자가 각자의 기술과 관심사를 고려해서 기술을 선하게 활용할 방법을 알아내도록 도와주세요. 그리고 과제를 완수하기 위해 노력하는 동안 진행 상황을 확인해 주세요.

7장. 삶을 대체할 수 없어

7장에서는 중학교 1학년 절친인 캘빈 맥베스터와 폴 폰러버를 만납니다. 안타깝게도 캘빈과 폴의 우정은 폴이 처음으로 자신의 휴대 전화를 갖게 되면서 사상 최대의 위기에 직면합니다. 학교에서 농구팀으로 활동하는 일부터 비디오 게임 토너먼트에 참가하는 일까지 캘빈은 대부분의 일을 폴과 함께했습니다. 둘은 늘 붙어 다녔기 때문에 사람들은 둘을 '폴빈'이라고 부를 정도였지요. 하지만 폴이 개인 휴대 전화를 갖게 되자 친구인 캘빈을 혼자 내버려두기 시작합니다. 캘빈은 그런 친구의 변화를 알아차립니다. 폴이 농구 연습에도 늦고, 온갖 핑계를 대며 모든 시간을 휴대 전화를 사용하는 데 몰두하자 캘빈은 상처를 받습니다. 친구의 행동을 애써 무시하며 자신의 '집착'을 자책하기도 하지요. 캘빈은 폴이 비디오 월드 토너먼트에 참가할 수 없다고 했던 말이 거짓이었고 그 시간에 휴대 전화로 같은 게임을 하고 있다는 사실을 알게 되자 더는 참지 못합니다. 결국 폴은 자신이 휴대 전화에 빠져서 정말로 중요한 것을 놓쳤음을 인정합니다. 폴이 사과하고, 캘빈과 폴은 다시 절친이 되어 농구를 하러 나갑니다.

디지털 기술

이 장의 목표는 휴대 전화를 지나치게 오래 사용할 때 실제로 발생하는 부정적인 면을 보여 주는 것입니다. 휴대 전화는 삶을 대체하는 것이 아니라 삶을 향상시키는 방향으로 사용할 때 가장 바람직합니다.

핵심 개념은 다음과 같습니다.

- 휴대 전화를 온종일 사용하면 여러 가지 부정적인 영향을 받습니다. 휴대 전화를 지나치게 오랫동안 사용하면 몸에 해로운 것은 물론, 잠들기 어려울 수도 있고 심지어 행복감이나 만족감이 떨어질 수도 있습니다. (독자는 3장에서 배운 기술을 사용해 인터넷에서 얻은 정보로 이 모든 주장을 뒷받침할 수 있습니다.)
- 휴대 전화를 너무 많이 사용하면 휴대 전화가 삶을 대체해 버릴 수 있습니다. 휴대 전화가 친구나 가족처럼 정말로 중요한 것을 대신하게 되는 것입니다.
- 휴대 전화를 쓸 때 의식적으로 사용하려고 노력하면(예를 들어 휴대 전화 사용 시간을 추적하고 관찰하는 기능을 활용한다거나), 휴대 전화가 내 삶을 지배하지 못하게 할 수 있습니다.

토론을 위한 질문

1. 휴대 전화 사용에 대부분의 시간을 소비한 폴의 행동은 캘빈과의 관계뿐만 아니라 학업과 다른 관심사에 이르기까지 모든 것에 영향을 미쳤어요. 그런 영향이 문제가 되는 이유는 뭘까요?

2. 이제 폴의 의도에 대해 잠시 생각해 보세요. 폴이 휴대 전화에 모든 시간을 소비하는 행동을 함으로써 캘빈에게 의도적으로 상처를 주려 했다고 생각하나요? 이 질문에 대한 대답을 통해 휴대 전화를 책임감 있게 사용하기 위해 어떻게 하면 좋을까요?

3. 휴대 전화를 너무 오래 사용한 경험이 있나요? 무엇을 했나요? 그렇게 오래 사용하고 나서 기분이 어땠나요?

도전! 디지털 챌린지

7장의 도전 과제는 휴대용 전자 기기를 쓸 때 가장 많은 시간을 보내는 것은 무엇인지 전반적인 휴대 전화 사용 시간을 추적함으로써, 휴대 전화 사용 시간을 본인이 책임지게 하세요. 이 과제를 수행하고 결과를 친구들과 함께 검토한 다음, 사용 시간을 어디서 얼마나 줄일 수 있을지 계획을 짜서 실천해 보세요. 목표를 꾸준히 달성할 수 있게 서로 도움을 주세요!